20 几岁不能不懂的
社交礼仪常识

达夫　黄敏 编著

中国華僑出版社

·北京·

社交礼仪是指人们在人际交往过程中所具备的基本素质、交际能力等，是人们在社会生活中不可缺少的内容。通过社交，人们可以沟通心灵，建立深厚友谊，获得支持与帮助；通过社交，人们可以互通信息，共享资源，对事业成功大有裨益。掌握必需的社交礼仪知识对于提高人们的礼仪修养和个人魅力将起到积极的促进作用。

20几岁，是人生中一个美好的开端，对于多数人而言，大都是刚刚走出校门，揣着高等学历，有才华，有抱负。然而，初次踏入复杂的社会，阅历浅，经验少，很多方面的社交礼仪都知道得不够多，或者只是知道而并没有真正能够灵活运用，从而导致处处碰壁，举步维艰。社交礼仪对人们的工作生活顺利与否有着至关重要的影响。不懂社交礼仪，你无法与人沟通，不能与人增进感情；不懂社交礼仪，你无法树立良好的形象，不能展示人格魅力。拥有良好的社交礼仪，你可以在职场上更好地发展：只有表现得有礼有节，领导才会对你信任；只有团结好同事，才不会被排挤和中伤。良好的社交礼仪也是你事业顺利的保证：懂得迎来送往，生意才有可能做成；登门拜访顺利，合作才有可能促成；打好电话，事情才有可能敲定。拥有良好的社交礼仪还是你幸福生活的资本：拥有完美得体的形象，才能赢得心上人的青睐；注重沟通技巧，顺利化解家庭矛盾，才能生活得美满幸福。20几岁，是人生中的关键时期，因而每个年轻人都必须明白：多懂些社交礼仪，就能少走一些弯路，早一点抓住身边的机会，早一天成功！

本书旨在给20几岁即将踏入社会的年轻人提供必要的支持和帮助，让年轻人可以很快地学习和了解日常人际交往中需要的社交礼仪知识。本书系统地介绍了个人礼仪、交往礼仪、职场礼仪、宴请礼仪、生活礼仪、公共场所礼仪等方面的社交礼仪，针对日常生活中年轻人经常要面对的各种情景、事件、场合，教会20几岁的年轻人懂得怎样塑造个人形象，怎样与人交往，怎样求职应聘，怎样展现自己，怎样赢得机遇，等等。

目录

C O N T E N T S

第一章　20几岁要懂得的个人礼仪

2 / 丰富自己的表情

2 / 以真实的笑容对人

3 / 根据场合选择适合的发型

4 / 一只耳朵只能戴一个耳环

5 / 注意清除牙齿上的食物残渣或口红

5 / 女性出席正式场合必须化妆

6 / 化妆、补妆时要尽量避开人

7 / 男性也应适当化妆

7 / 男性夏天不可在公共场所赤膊

8 / 注意修整鼻毛

9 / 喷洒香水要适量

9 / 仪容要与言行相配

10 / 杜绝经常用手整理头发的习惯

11 / 避免在公共场合照镜子

12 / 穿衣服要松紧适宜

12 / 女性在工作场合穿着不可
　　　过于臃肿

13 / 杜绝当众整理内衣

14 / 落座时只坐椅子的前端

15 / 女性落座应双腿并拢

15 / 下蹲时应避开人流

16 / 站立时不可趴伏倚靠

17 / 站立不可歪斜

17 / 结伴走路时步伐速度要与大家
　　　一致

18 / 走路时不可用鞋底蹭着地面

19 / 走路昂首挺胸

19 / 杜绝边走边吃的不良习惯

20 / 女性穿裙装时不可随意下蹲

21 / 穿着的衣服要干净整洁

22 / 在正式场合穿西服不可配便鞋

22 / 在正式场合要穿庄重的正式西装

23 / 穿西装要注意纽扣的系法

24 / 穿西装要讲究搭配

24 / 男性西装内不可一层套一层

25 / 西装里面的衬衫袖子要长短适宜

26 / 不可穿着已经磨损的衬衣

26 / 在正式场合穿西装必须打领带

27 / 在正式场合不可系图案夸张的领带

28 / 系领带要讲究章法

28 / 衣兜里不可塞满东西

29 / 男士不可在腰带上挂满钥匙等物

30 / 内衣不可露出外套

30 / 在正式场合不可穿闪闪发光的衬衣
或外套

31 / 女性穿套装不可配露趾凉鞋

32 / 女性不可穿破损的丝袜

32 / 女性穿高跟鞋走路要避免声音太响

33 / 女性在商务场合应穿高跟鞋

33 / 服装不可颜色过多

34 / 服装颜色要与自身条件及周围环境
相协调

35 / 配饰要讲究品位

35 / 戴领带夹要注意场合

36 / 不可在单层袖口的衬衫上别袖扣

37 / 戴戒指要遵循传统习惯

第二章　20 几岁要懂得的交往礼仪

40 / 不可称呼自己为"某先生 / 某
小姐"

40 / 在非正式场合也不可随意称呼
别人

41 / 握手要注意场合

42 / 不可用左手握手

43 / 切忌戴着手套或墨镜握手

43 / 握手时应起身站立

44 / 勿用左手递接名片

45 / 在社交场合要主动介绍自己

45 / 上门拜访前先预约

46 / 不可单独夜访异性朋友

46 / 到朋友家做客不宜带小孩儿同行

47 / 切忌带着送给别人的礼物访友

48 / 敲门时要把握分寸

48 / 进门要换鞋

49 / 拜访要控制时间

49 / 切忌随便进入主人的房间

50 / 主人送客时要礼让

51 / 做客后要向主人致谢

2

51 / 喝茶时要细细品味

52 / 客人来访要起立

53 / 敬茶不可满杯

53 / 最好不用一次性纸杯盛水待客

54 / 敬茶后要及时添茶

55 / 不可频繁添水

55 / 不可在客人面前与家人争吵

56 / 不可任由自家小孩儿打扰客人

57 / 待客时照顾来客的小孩儿或陪
    同者

57 / 留宿客人要问客人的习惯

58 / 点菜要问客人是否有禁忌

58 / 待客交谈时要避免冷场

59 / 送客要送到门外

60 / 送客时走在长者后面

60 / 贵客走后要及时问候

61 / 切忌脏话不离口

61 / 请人帮忙要说"请"

62 / 请求帮助不可超出别人的能力
    范围

63 / 致谢、道歉要及时

63 / 拒绝他人要委婉

64 / 注意多赞美他人

65 / 别人失误时不要大惊小怪

66 / 切忌用食指指人

66 / 不应随意拍别人肩膀

67 / 对别人的尴尬要帮助化解

68 / 探病前要问清情况

68 / 探病时切忌详问病情

69 / 探病时宜说一些轻松话题

70 / 禁烟场合不可吸烟

70 / 切忌在用到别人的时候才表示
    热情

71 / 不可以貌取人

72 / 在别人有难处时应出手相助

72 / 与熟人保持联系

73 / 观看别人下棋时不宜插嘴

74 / 交谈时注意与对方保持适当的
    距离

74 / 听别人讲话时身体不可后仰

75 / 说话切忌总以"我"字开头

75 / 切忌把口头禅挂嘴边

76 / 开玩笑要注意内容是否适宜

77 / 注视别人时目光要在一定的范围
    之内

77 / 切忌不加掩饰地注视别人

78 / 与人交谈时不可用目光瞟人

78 / 对他人的主动交谈要积极回应

79 / 切忌询问对方"我刚刚说到
    哪里"

79 / 说话声音要温和

80 / 切忌揭别人的伤疤

3

81 / 在谈话中不宜纠正别人的错误

81 / 尊重他人的意见

82 / 切忌在谈话中扮演"祥林嫂"

82 / 聚会时不宜用方言与同乡交谈

83 / 与多人谈话时切忌当众叫朋友的
  小名

84 / 不要强行加入别人的讨论

84 / 不可贸然加入异性的谈话圈

85 / 交谈过程中离开前要打招呼

85 / 与人交谈时既要说也要倾听

86 / 劝说他人要看时机

87 / 懂得适时保持沉默

87 / 非专业场合慎用专业术语

88 / 批评别人时切忌有指桑骂槐之嫌

88 / 说话要注意场合

89 / 恭维别人不可露骨

90 / 对自己不懂的事情不随便发表
  意见

90 / 切忌轻易许诺

第三章 20几岁要懂得的职场礼仪

94 / 进入面试场所时要敲门

94 / 善于打破沉默

95 / 说话速度要适度

96 / 不对应聘单位妄加评论

96 / 切忌批评和诋毁原单位

97 / 礼貌有始有终

98 / 在上司面前不可逞强

98 / 切忌越级请示领导

99 / 不可热衷于传播小道消息

100 / 切忌在办公室谈论、评论别人
  的无能

100 / 切忌大肆批判公司制度

101 / 与异性同事交往不可过密

102 / 注意自己在异性面前的身体语言

102 / 接受任务时不可嘀嘀咕咕

103 / 不可将重要任务一口回绝

104 / 要懂得适当求助别人

104 / 不为流言所动

105 / 不在办公室里吃有刺激性味道
  的食物

106 / 对同事的零食应接受

106 / 分清工作关系与私交

107 / 谦虚有度

108 / 不做事后诸葛亮

108 / 和同事打成一片

109 / 切忌表现出"怀才不遇"的
  样子

110 / 以友好的态度帮助新同事开展
  工作

110 / 尊重勤杂人员

111 / 尽量不打扰工作中的同事

111 / 不在背后议论领导

112 / 进出领导办公室要注意细节

113 / 指正下属的错误宜在私下进行

114 / 不打小报告

114 / 不越级报告

115 / 不可替领导做主

116 / 要注意当众维护上司的权威

116 / 对上司要敢于提出意见

117 / 在下级面前要以身作则

118 / 不可私自将单位的资料带出

118 / 不可让电话铃声响的时间过长

119 / 接通电话后要问对方是否方便

120 / 错过电话后要及时回拨

120 / 不可贸然替别人接电话

121 / 通话中要注意说话方式

121 / 通话中要注意控制音量

122 / 接电话的一方不宜提出中止

　　　通话的要求

123 / 不可突然挂电话

123 / 参观展会时要注意自己的公众

　　　形象

124 / 参加展览会时不可哄抢展品

124 / 不要坐在嘉宾席上嚼口香糖

125 / 别人发言时不可小声嘀咕

126 / 参加社交聚会时不可原地不动

126 / 切忌在社交聚会上扎堆

127 / 商务谈话时不可常作补充、

　　　质疑

128 / 做业务介绍时切忌诋毁竞争

　　　对手

128 / 行进中的位次要有讲究

129 / 避免挡住电梯按钮

130 / 乘电梯时应保持安静

130 / 不可并排站扶梯

131 / 轿车上要讲究座次排序

132 / 切忌在轿车上指出贵宾坐错了

　　　位置

132 / 上下轿车要讲谦让

133 / 送客时要等客人的车离开后再

　　　返回

134 / 坐车时切忌不断问询司机

134 / 陪同客人乘电梯应先入后出

135 / 陪同上司出行要注意自己的

　　　身份

136 / 与外宾交谈不可涉及敏感话题

136 / 在办公室着装不可太随便

137 / 递送尖状物时尖端应朝向自己

137 / 不可在办公室里放与工作无关

　　　的物品

138 / 不可在办公室接待亲朋

5

138 / 礼貌接待不速之客　　　　142 / 不可随便挪用他人东西

139 / 接待客人时站立要到位　　142 / 不可替同事做决定

140 / 办公室里要控制情绪　　　143 / 尽量不要迟到、早退或到场

140 / 打私人电话要轻声细语　　　　　太早

141 / 禁用办公资源做私事　　　144 / 会上发言不要长篇大论

第四章　20几岁要懂得的宴请礼仪

146 / 宴请重在满足客人的需求　　157 / 要吃完自己碟中的菜再重新

147 / 与领导进餐的注意事项　　　　　夹菜

147 / 升职时如何请同事吃饭　　157 / 不可将夹起的菜重新放回盘中

148 / 宴请重要客户要讲究档次　158 / 餐桌上剔牙要避人

148 / 对待未来客户要讲究舒适　159 / 宴会开始后才可动筷

149 / 对待老客户要讲究情绪的渲染　159 / 吃中餐时不可嘬筷子

150 / 宴请异性朋友，以礼为先　160 / 吃中餐要注意筷子不可乱用

151 / 点菜时，征求客人的意见　160 / 不可用筷子剔牙

151 / 不可穿制服赴宴会　　　161 / 交谈时不可挥舞筷子

152 / 赴宴时要脱帽　　　　　162 / 宴会上不宜与他人交头接耳

152 / 赴家宴要带礼品　　　　162 / 别人敬酒时不可只顾自己夹菜

153 / 赴宴时不可携带未受邀请的　163 / 在中餐宴会上不可只吃饭不

　　　宾客　　　　　　　　　　　说话

154 / 入席后要跟陌生邻座打招呼　163 / 不可随便转动餐桌

154 / 打喷嚏要背转身　　　　164 / 不可结伴提早离席

155 / 不可只挑自己喜欢的吃　165 / 不可端着盘子喝汤

156 / 不宜在宴会上接电话　　165 / 参加西式宴会告辞要看主宾

156 / 不可起身去夹离自己很远的菜　　　行事

166 / 不可用咖啡勺喝咖啡   167 / 坐着喝咖啡时不要连碟一起端

167 / 不可吹气为咖啡降温   168 / 切忌左手咖啡，右手甜点

第五章 20 几岁要懂得的生活礼仪

170 / 拒绝约会时尽量详细说明理由 179 / 对礼物的赠送者表示感谢

170 / 公共场合的情感表露要有所 179 / 参加婚礼不可穿得比新娘还艳

   节 制   180 / 参加婚礼时务必摘除黑纱

171 / 友好分手   181 / 不可频繁邀请同一个人跳舞

173 / 不可滥送红玫瑰   181 / 跳舞时要避免踩舞伴的脚

174 / 送花要数枝数   182 / 跳舞时切忌详问舞伴个人情况

174 / 选送礼物要打包装   183 / 男士不可拒绝女士的邀舞

175 / 送礼要根据不同的对象而有所 183 / 邀舞时应谦虚有礼

   区别   184 / 饮寿酒、吃寿面要注意规矩

176 / 送礼要讲场合   184 / 对死讯谨慎询问

176 / 不可当着几个人的面给一个人 185 / 参加葬礼不可穿鲜艳衣服

   送礼   186 / 参加葬礼不可佩戴耀眼首饰

177 / 给病人送礼要考虑对方需要 186 / 参加葬礼要注意神情举止

178 / 礼物上不可留有价格标签 187 / 在葬礼上避免注视死者的亲人

178 / 收到礼物切忌说："这东西很

   贵吧（或当场表示不喜欢）"

第六章　20 几岁要懂得的公共场所礼仪

190 / 出入校门要下车

190 / 懂得赞美学生

191 / 男生不留长发

192 / 见到老师要打招呼

192 / 进出老师办公室要有礼貌

193 / 不可当众顶撞师长

194 / 不在背后议论老师私事

194 / 尊重有缺陷的同学

195 / 不可偷看同学的信件、日记

195 / 严禁撕毁、涂改学校公告

196 / 不用书本提前占座

197 / 住集体宿舍要遵守作息时间

197 / 在图书馆看完书要归位

198 / 参加集体活动要穿校服

199 / 不可在景点刻字留名

199 / 乘公交车不可堵着车门

200 / 在火车上不宜脱鞋

201 / 使用公共游乐设施要照顾别人

201 / 在超市购物不可用手接触裸露
　　　食品

202 / 试衣时应注意不要弄脏衣服

203 / 试衣后把衣服放回原位

203 / 不可随意拆开商品包装

204 / 品尝超市食品要按规定进行

205 / 看过商品后要归位

205 / 住旅店不可大肆浪费

206 / 不可在公园的长椅上躺卧

206 / 驾车不可乱鸣笛

207 / 接受陌生人帮助后要说"谢谢"

第一章

20 几岁要懂得的个人礼仪

丰富自己的表情

许多明星的标志性表情是严肃、冷漠。如果你觉得面无表情就是酷，那你的观点绝对是错的。明星的酷是一种包装策略，是一种风格。目的是用精心设计的"面无表情"来传达多元化的流行信息，塑造令人难忘的演艺形象。

无论别人说什么、做什么，都无视别人的身份和与自己的亲疏关系，一味以"面无表情"来应对，并自诩为"酷"，真是太辜负"礼仪"二字了。

温馨提示

·路遇熟人、与人见面之初要微笑，与人交谈、争论时表情应缓和。即使有激烈争论，也不要过于冷酷。

·拜访师长、应邀访问、接待客人时，表情要丰富而热情、柔和。

·当众讲话时，表情要随着发言的内容做相应变化，不要一个表情做到底。

以真实的笑容对人

俗话说得好："伸手不打笑脸人。"但当你看到皮笑肉不笑的表情时，肯定会感到很不愉快。当去不规范的饭店吃饭、遇到上门推销劣质化妆品的非法商贩、心虚的人费尽心思为自己的过错进行辩解……
我们经常能见到这种虚假的笑容。这样的笑看起来僵硬而缺少真情，
令人感到不自在。

当你笑不出来的时候，宁可不笑，也不要让面具一样的微笑挂在
脸上。不真诚的笑容非但不能表达敬意，反倒会令礼貌失去意义。

温馨提示
·微笑的时候，眼睛要微微下弯，要把目光投向别人的眼睛，
眼神要专注而热情。
·微笑时不要生硬地去挤脸部肌肉，不仅要做到脸形笑，更要
发自内心地露出愉悦的表情。
·微笑的同时，言行要热情、尊重他人。

根据场合选择适合的发型

发型是不能想怎么做就怎么做的，如果发型不适合你所在的场
合，就不能体现你的内涵和修养，甚至还会对你所在的场合气氛等各
方面起到负面作用。谁说发型和礼仪无关呢？

参加婚礼时做的发型比新娘还抢眼，会喧宾夺主，有捣乱之嫌；
出席国际会议时做更适合舞台剧的古怪发型，会严重影响你的口碑；
在狂欢晚会上出现时顶着过于普通的发型，则会让你在众人眼中成为
一个准备不足的人。你的发型显示着你的素养、你的品位。很多发型
看起来漂亮，却并不适合你。

一只耳朵只能戴一个耳环

一只耳朵上戴多个耳环不合礼仪。

有些职业是不允许戴耳环等耳饰的，比如电信行业的女性服务人员、空姐。在传统礼仪中，耳朵上的饰物应当成对佩戴，也就是一只耳朵上戴一个。

女性穿套装和礼服时，不能只戴一只耳环或一只耳朵上戴多个耳环。时尚男性只能在非工作场合、非正式场合佩戴耳环，并且只能戴在左耳上。

4

注意清除牙齿上的食物残渣或口红

"唇红齿白"是人们形容人健康而美貌的常用语，可见人们对牙齿的基本要求很简单，那就是"白"。

当我们看到两排沾着食物残渣的牙齿，首先会感到恶心，然后会替对方感到难为情。

牙齿上沾了口红，视力不好的人会误以为对方牙龈出血，近距离交谈的人会感到对方无半点气质和教养。

牙齿上残留着饭菜或者口红，张口说话，必然大煞风景。如果恰好参加电视台的直播节目，没刷好牙的人，丢人可就丢大了。

温馨提示

·饭后应该刷牙。特别是吃了容易嵌在牙缝里的食物或者有刺激性气味的食物时，务必要刷牙。

·出门、拜访别人前，参加公开场合的活动前，一定要检查自己的牙齿是否干净。

·女性不要养成有意无意用牙齿咬嘴唇的习惯。

女性出席正式场合必须化妆

"素面朝天"是一种姿态，也是一种风格，代表着朴素和真实。但对于面部有明显瑕疵且要参加大型活动的女性来说，不化妆就出席可能显得不够得体。

女性出席正式场合一般都要穿着正式的套装或礼服，搭配质地精良的首饰、合适的发型。

如果女性出席正式场合而不化妆，会使其在所有的参加者中黯然失色，且与环境极不相称。恐怕连她自己环视众人后，也会为自己没有精心打扮而后悔。

化妆、补妆时要尽量避开人

很多女性敢于在办公室里、餐桌上等公众场合当众化妆、补妆，这是有失礼貌的。

化妆、补妆应尽量避开人。当着长辈、领导的面化妆、补妆是不敬，当着同性的面化妆或补妆是炫耀和轻视对方，当着晚辈的面化妆、补妆是自毁风度。在工作时间和工作场合化妆、补妆，暗示自己对工作热情不够、工作的注意力不集中。

男性也应适当化妆

男性化妆可以展示其良好的形象。

把容貌上的缺陷暴露给别人，把病愈后的苍白脸色或熬夜后的疲惫神色暴露在别人面前，既无法展现男性的风度翩翩，也无法取得别人的好感和敬重。更有甚者，这种不健康、不整洁的所谓的"男人味十足"的面貌，会破坏你在别人心目中已有的良好形象，从而影响到工作或生活中的社交。

因此，在必要的时候，如在公众场合、重要场合，不要对男性化妆产生偏见。

温馨提示

· 脸色不均匀时，应该用与肤色相近的粉底进行修饰。

· 嘴唇干裂或发暗时，应该用滋润型的无色唇膏进行润饰，用暗红色唇膏提亮唇色。

· 皮肤干燥、有皮屑时，应用润肤乳液进行调整；头发没有光泽时，应该用护发乳进行美化。

男性夏天不可在公共场所赤膊

夏天的街道、休闲广场、电影院、餐馆等公共场所，赤裸上身的男性司空见惯。在居民聚集的社区楼道里，各式身材的赤膊男人更是让人躲避不及。

夏天男性赤膊出现在大街上，有碍大众观瞻，"影响市容"，既有扰乱公共秩序之嫌，也不利于自己的形象；夏天男性赤膊出现在女性面前，容易让对方产生被骚扰的误解；夏天男性赤膊拜访别人，会让对方有受诬蔑之感；夏天男性赤膊出现在会场、剧场等严肃的公共场合，说明他行为和心态都较为散漫，这是对在场者的极大不敬。

夏天再热，只要是出现在外人面前，男性就不能赤膊上阵。

温馨提示

·夏天男性出行或串门时，一定要穿外衣。

·夏天男性在家中接待客人时，上身至少应穿一件整齐的背心。

·夏天男性身处职场等严肃公共场合时，一定要穿外衣。

注意修整鼻毛

开会发言、上台演讲、接受电视记者的访问时，露出鼻毛；体操队员参加比赛、舞蹈演员演出时，在镜头前露出鼻毛；女性在办公室接待客人，对客人展现出得体微笑时露出鼻毛……相信你看到以上的场景后多少会有点瞠目结舌，因为那些鼻毛使人感到非常不舒服。

鼻毛外露会使你显得粗鲁、低俗，不讲卫生，不修边幅，难免令人心生厌恶，影响视觉和心理印象。

温馨提示

·要及时修剪过长的鼻毛，且一定要用专用的小剪刀。

·在公务和商务场合以及其他正式场合，与人交谈时应避免仰头过高。

·绝对不要当众用手拔除过长的鼻毛。

喷洒香水要适量

香水的味道可以改变一个人的形象。但如果香水用过了量，它对人的形象所起的作用，将不是美化，而是丑化。

在社交场合使用过多香水，别人会尽可能地与你拉开距离。在餐桌上使用过量的香水，会使就餐气氛受到破坏。在办公室、会议室、谈判室等严肃场合过量使用香水，会令别人质疑你的专业素质和专业精神。喷洒过量的香水乘坐轿车、乘电梯、挤公交车，香水很容易与狭窄空间里的汗味等其他气味混合，从而形成难闻的气味，令人避之不及。

在任何时候使用过多的香水，都会让人觉得你不够谦虚谨慎，容易给人以太过炫耀自我的感觉。

温馨提示

· 判断香水是否过量的标准是它的气味会不会散发到两米以外。

· 使用的香水应该与你所在场合的气氛相符。

· 与对香水过敏的人接触时，最好不使用香水。

仪容要与言行相配

在大街上走着一个衣饰精致、妆容雅致的女孩，路人正暗自赞叹她的美丽优雅，不料她一张口就吐出一串脏字；某明星的仪容堪称典雅，但面对提出一个棘手问题的记者大动肝火，接连做出威胁和鄙视的动作。这样的人，是不是辜负了自己的一身打扮？

如果你的仪容是"贵族"级别，言行举止却是"小市民"级别，在工作场合，你将难以获得重要的工作和职位；在社交场合，你不仅难以得到新朋友，连老朋友也可能失去。

杜绝经常用手整理头发的习惯

不时用手拢一下头发，从前向后抚一下头发，或者干脆在头上挠几下，这些动作常常在各种场合出现在我们眼前。

头发是你自己的，你的仪表和举止却是给别人看的。接受采访时不时整理头发，会使自己显得紧张而不自然；与别人谈话时不时整理头发，会使自己显得心不在焉；在饭桌上整理头发，即使你发出的声音很细小，也会令人感到心理不适，如果你再带些头皮屑下来，身边的其他人会吃不下饭。

当众梳头是不尊重人的表现，旁若无人地整理头发，更是务必要避免的。

定型。

· 整理头发时要避人，要在卫生间等场所私下整理。

· 及时修剪头发、清洗头发，避免头发脏污、发痒，不要养成用手摸头发、捋头发、搔头皮的习惯。

避免在公共场合照镜子

不少爱美的人在任何时候、任何场合都不放过欣赏自己的机会：在大街上，在汽车上，在办公室里……丝毫不顾及别人的侧目。

在马路上照镜子，你可能会被人误认为"不良女性"，因此而招来麻烦也未可知；在空间狭小的火车、汽车上照镜子，你理所当然地成为众目睽睽的对象。

温馨提示

· 不要在办公室桌面上摆放自己的化妆品和小镜子，上班时间也不要取出来当众揽镜自顾。

· 如果担心自己脸上有污渍或饭粒，出门前就应该处理好；如果工作期间担心自己化的妆变"花"，可以在休息时间到化妆间或卫生间处理。

· 在公共场所，要克制自己当众对镜自我欣赏的念头，应把"自恋"的情绪转移到工作等其他方面。

穿衣服要松紧适宜

仪表美是礼仪的重要方面。衣服上露出内衣的线条，使身体呈现出令人惊讶的"沟沟坎坎"，是不符合礼仪的行为。

衣着臃肿的你，如果身份是服装行业的业务员，联系业务时，对方一定会怀疑你所在单位"审美"的眼光和"创造美"的能力；如果做报告，台下的听众一定在看到你的第一眼就会否定你的内涵和实力；如果你身为一名教师，讲课期间，学生们大概会把注意力更多地放在研究你的衣着上。

温馨提示

·在任何时候和任何场合都不要穿会在身上勒出痕迹的内衣，型号适中才好。

·不要穿过紧的贴身裤子、外套、窄裙。

·大一号的衣服或者款式较为宽松的外衣可以弥补身体赘肉明显突出的缺点。

女性在工作场合穿着不可过于臃肿

干练、精明、优雅、大方，这些词语都可以形容职业女性的风格，一个在工作场合穿得臃肿的女性则无法从仪表上体现职业女性的风格。

一个女主持人穿得臃肿面对新闻直播间的镜头，很难让人相信她的专业身份；一个外企的女主管在职业套裙里穿上厚厚的家织毛衣，很难让下属认同她的敬业精神；一个在签字仪式上穿得像个大棉球的代表，不容易让对方相信她以及她所在单位的诚意。

杜绝当众整理内衣

正行走着，发觉内衣的肩带滑落了，看看别人都行色匆匆，于是赶快停下整理；正在公司参加会议，突然感觉内衣勒得自己不舒服，心想自己没有坐在第一排，于是赶快伸进衣服去放松；正在家中接待客人，突然感到内衣位置偏移，以为在自己家里随便点没什么，于是急忙伸手去调整……

在正式场合不加掩饰地整理内衣，会给人以粗俗之感；在工作场合当众整理内衣，会给人以邋遢、愚蠢之感；在长辈或领导面前整理内衣，会有轻浮之嫌；在异性面前整理内衣，会有发出性暗示之嫌。即使面对小孩儿和同性，整理内衣也是自毁形象的做法。

持正确姿势，也能防止内衣移位。

落座时只坐椅子的前端

就座时把整张椅子都坐满，也许这样很舒服，但却是不合适的。

把椅子坐满的话，身体必然是紧靠椅背的，并且稍微后仰，这种姿势看起来很慵懒，也显得有点自负。如果接待客人时这样坐，客人会因为感到受了轻慢而不快；做客时这样坐，主人会因为你过于随便而感到不快；招聘时这样坐，你可能会把一个很优秀的人才气走；参加面试时这样坐，你可能会被一个很难得的老板"判处死刑"。

在家里独处，或与很熟悉的亲朋私下交谈，坐满椅子不算失礼。但面对不太熟悉的人，或者身处公共场合、工作场合、社交场合时坐满椅子，可能引起旁人的误解，也是对自己形象的不负责。

温馨提示

· 面对客人、主人，或在较为正式的场合，坐椅子前端的 2/3 即可。

· 半躺半坐、身子歪斜、身体大幅前倾、双腿乱抖，也都是不雅的坐姿。

· 坐在椅子上时，不要把脚架在椅子扶手上或用力向下、向后缩在椅子下面。

女性落座应双腿并拢

女性穿裤装时张腿而坐，容易给人不雅的印象。女性穿短裙时张腿而坐容易露出内裤、长筒丝袜的袜口和大腿，有损形象。

温馨提示

·女性落座时，不要紧靠椅背而坐，背部与椅背之间至少要有一拳的距离，上身要端正，背要挺直。

·女性落座时，两腿应紧并，两膝相抵并拢。双腿也可叠放，但是不能把脚尖翘起来，更不能冲着别人。

·女性落座时，不要把手夹放在两腿之间，也不要搓弄衣角，自然叠放在膝盖上即可。

下蹲时应避开人流

你正在走廊里匆匆赶往会议室，对面的一位同事走着走着突然直冲着你蹲下去，让你躲避不及，差点扑到对方身上。此时的你，一定会感到突兀。你正在办公室的椅子上坐着看文件，下属突然面对着你蹲下来，捡拾落在地上的文件，头部正好抵着你的腿。此时的你，一定会感到很不自然。你正在图书市场的书摊前低头看书，一个陌生人突然背对着你下蹲，硕大的臀部距离你的脸不到两尺。此时的你，一定会感到很恼火。

下蹲时如果不避人，就很容易出现各种冒犯他人的结果，于人于己都不方便。几个人同时下蹲，如果不避人还容易引起彼此碰撞。

15

·下蹲时，应尽量从别人的侧面下蹲，不要直冲别人或正背对别人下蹲。

·不要在人流拥挤的地方突然下蹲。

·在别人面前下蹲前，应礼貌地事先声明，以免对方起身或行走时猝不及防。

站立时不可趴伏倚靠

站姿能体现一个人的精神面貌，也能毁了一个人的精神面貌，能促进交际的成功，也能加速交际的失败，就看你是否懂得站姿对于礼仪的意义。

站立时趴伏倚靠，无精打采，心不在焉，给人的印象要么傲慢、目中无人，要么是懒惰、没有主见。教师讲课，站立的时候趴伏在讲台上，一定会让学生难以提起精神；礼仪培训师培训时仰身靠在椅背上，必然难以令人信服其职业水平；演讲者发表演说时站立在台上背靠墙壁，无疑会令现场气氛沉闷。站立时趴伏倚靠，很容易使别人心生不适。

·站立时，身体应自然挺直，不倚靠任何桌椅、墙壁等物。

·站立劳累时，可稍事走动或坐下休息、找人替换等，但不应随意借力。

·站立时，身体不要随意扭动，不要有跺脚、踏步、抖腿等小动作。

站立不可歪斜

"站如松""玉树临风""亭亭玉立"，从这些形容词中，我们能想象出优美的、笔挺站立的姿态。如果歪斜着站立，你必定与这些美好的形容词无缘。

歪斜站立，本身就传达出一种不恭敬的态度，任何人都不会对这样姿势的陌生人产生信赖感和与之交往的渴望。如果你身负谈判的重任，谈判尚未开始，对手就胜券在握了，因为你糟糕的站姿已经暗示出你的不自信和准备不足。如果一位礼仪小姐歪斜着站立了3秒钟，她在第4秒就会失业。

温馨提示 ┄┄
· 站立时，身体肌肉要自然紧张，同时略微放松，不要僵硬，
  身体要自然挺直，收腹挺胸，双脚间呈45度左右的夹角。
· 站立时要保持头部适当上扬，不低头，头和肩不歪斜。
· 站立时应避免在手中拿取私人物品把玩。
┄┄

结伴走路时步伐速度要与大家一致

一行人结伴而行，大家都保持相距不远的距离，唯独你一个人，把大家远远地抛在后面，或者慢吞吞地跟在大家看不见的后面。这种表现显然是社交礼仪所不允许的。

陪同上级领导参观、视察时脱离队伍，别人会以为你目无领导，影响他人对你的印象；和同事或朋友出游时脱离队伍，别人会以为你自私自利，大家无形中会与你疏远关系；别人引导你游览观光时脱离

人群，别人会觉得你辜负他的好意，感到失望和尴尬；在陌生的野外结伴而行时脱离队伍，别人会担心你的安全，无意间给大家带来心理负担。

走路时不可用鞋底蹭着地面

脚蹭着地面走路，就是拖着鞋走路、鞋底不离地面。这样走路，即使再调整姿态也不会美观。

与朋友约会，拖拉着鞋、蹭着地面走，别人难免把注意力从对你的了解上转移到你的脚下；接待访客，对方难免私下认为你这样的姿态太不尊重人；洽谈业务，也许很好的一单生意就被你贴着地面的鞋子蹭丢了。脚蹭着地面走路，人会显得邋遢、散漫，没有魄力，还让人有不受尊重之感。

走路昂首挺胸

走路不抬头的人，他是因为思索呢，还是因为心中有愧，或者是因为疾病而不抬头？无论什么原因，低头走路都是不合礼仪的。

走路的时候不抬头，就不能看到前方，只能根据脚下的情况前进。这样一来，很容易走错方向或妨碍别人。低头走路会给人一种不自信的印象，如果你在招聘人员的注视下低着头走进面试考场，主考官一定不会优先考虑你。低头走路还容易使认识你的人误解你的动机，当你和一个低头走路的熟人相遇，是不是会很自然地疑心他是故意不想和你打招呼呢？

走路不抬头，如果再加上步伐迟缓，则越发有损仪态。

温馨提示

· 走路时应昂首挺胸，自然地抬头，但不要傲慢地扬着下巴。

· 走路时表情要自然、从容。

· 走路时跳着走也是不合礼仪的。

杜绝边走边吃的不良习惯

早起时间紧张，于是随便抓起一个面包，在上班或上学的路上边走边吃；周末逛街，被街头的小吃所诱惑，拿一份麻辣烫边走边吃；食堂里新出一种麻花，令人垂涎欲滴，买一个来，不等落座就边走边吃。这样吃东西走路两不误的人，谁遇到了都要绕着走。

在鸡尾酒会、自助餐会上边走边吃，让人怀疑你的素质；在公共食堂里边走边吃，让人笑话你的粗俗；在办公场所边走边吃，让人怀疑你的工作态度；在公园、景区等场所边走边吃，让人反感你破坏风景。无论在什么场合边走边吃，别人都会担心你把食物撒到他们的身上。

边走边吃，既有损自己的仪态，又容易给他人带来不便，显得很不礼貌。

温馨提示

·事先把食物放在袋子里或盒子等容器中，到适合吃东西的场所或到自己的座位上再吃。

·比较酥脆、多汁的食物最好不要边走边吃，以免弄脏嘴和脸、粘到衣服上或撒到别人身上。

·边走边吃对身体无益，尤其在户外时容易使食物受到沙尘污染，应该尽量避免。

女性穿裙装时不可随意下蹲

女性穿裙装下蹲容易"走光"。

女教师在课堂上随意下蹲，损害的不仅是自己的形象，更是老师的形象；女主持人在舞台上下蹲，她的举动会引发出负面的娱乐新闻。女性穿长裙随意下蹲，飘逸之美顿失；女性穿短裙下蹲，无意间会给偷拍者制造机会。

无论如何，女性穿裙装随意下蹲都是不合礼仪的表现。在公众场合，即使自己面对的只有一个人，女性也应避免穿裙装随意下蹲。

·穿长裙下蹲时，不要让裙角拖地，应适时挽一下。

·穿短裙下蹲时，两膝要靠近并拢，可采取一膝稍高于另一膝
的高低式蹲姿。

·女性穿裙装下蹲时，动作应缓慢、从容。

穿着的衣服要干净整洁

服装的整洁程度暗示着一个人处理问题的能力和态度，如果你任
由污渍在自己的衣服上停留，你的内在就无法在短时间内得到别人的
认可。

衣服上有明显污渍，第一，会给人造成不修边幅、不够自重的印
象；第二，会让人觉得你办事拖拉，不能胜任重要任务；第三，会让
人觉得你对人对事都不够认真负责；第四，穿有明显污渍的衣服说明
你对面前的人不够尊敬。

穿污迹斑斑的衣服不能说明你勤奋，相反会显得你懒惰。

·衣服一定要勤换勤洗，如果衣服上去除不掉的污渍非常明显，
你应考虑扔掉。

·衣服沾染了污迹应马上处理。

·出席重要活动或进行短期出差和旅行前一定要备好换洗的
衣服。

在正式场合穿西服不可配便鞋

一身款式和颜色适宜的西装能让人看起来精神焕发、风度翩翩，但如果为西服配一双便鞋，即使它是世界名牌，也会使你显得不伦不类。

穿西服时，只有严格按照相应的标准搭配，才能体现出仪表上的礼仪。作为接待人员，穿着西装和便鞋迎接宾客，对方理所当然地会认为你不尊重他们；作为贵宾，穿着西装和便鞋接受同行单位的款待，东道主一定会认为你不重视他，或者疑心自己什么时候曾经得罪了你；访问其他国家的商人穿着西装和便鞋，不但遭人诟病，还会有损本国形象。

温馨提示
· 在正式场合穿西装时，不能穿塑料鞋、旅游鞋、布鞋、拖鞋；不能穿款式新潮怪异的皮鞋，比如大头皮鞋和鞋尖过长的时装鞋。
· 穿西装时，首选款式是系带皮鞋。

在正式场合要穿庄重的正式西装

休闲西装款式多样，色彩丰富，能塑造出轻松活泼、有青春活力的形象，但是不能不分场合地穿。

在正式场合穿休闲西装，既发挥不了休闲西装的作用，又会给别人留下糟糕的印象。

穿西装要注意纽扣的系法

西装给人一种庄重严肃的印象,因此许多人都以为西装的扣子要
规规整整地全部扣上,其实不然。只有双排扣的西装纽扣才需要全部
扣上。

探亲访友时将西装纽扣全扣上,别人会觉得你太拘谨刻板;迎接
客人时将西装纽扣全扣上,可能会显得你过于呆板;参加宴会、落座
时将西装纽扣全扣上,会与轻松祥和的场合格格不入。

穿西装要讲究搭配

很多人穿衣不讲搭配，单看西装、衬衫、领带、皮鞋都很得体，穿到一起却给人一种大杂烩的感觉，不仅视觉上令人眼花缭乱，心理上也会令人感觉不舒服。

高级毛料西装配化纤领带，西装的高贵顿时被抵消，你的身份也会同时被领带所削弱；黑色西装搭配黄色皮鞋，必然让你被高级社交场所拒之门外；正装西装搭配一件休闲的花衬衣和牛仔风格的皮带，无论参加正式活动还是参加娱乐活动都不成体统。

服装的质料、颜色、款式以及皮包、手表、腰带等配饰的风格都搭配得和谐、合理，才不算失礼。

温馨提示

·西装的质地以毛料为宜，衬衣的质料以纯棉为宜，领带的质地以丝绸为宜。

·穿深色西装时要穿颜色和西装接近的袜子。除非穿白色西装，否则尽量不要穿白色袜子。

·西装、衬衣、领带、皮鞋的颜色应该属于同一个色系，全身上下的颜色应该不超过3种。

男性西装内不可一层套一层

外着笔挺的西装，从里到外依次是高领内衣、衬衣、毛衫、马甲，如此穿西装犯了低级错误。

西装的作用在于使人看起来干练挺拔，修饰体型，烘托气质。西装里面如果套太多衣服就无法发挥功能，更无法起到应有的礼仪功用。如果一个西装里面只穿一件衬衣的人和一个西装里面穿了多层的人同时去应聘一个职位，在二人实力相当的前提下，招聘方一定会对穿西装更简洁的那一位有更佳的印象。

衣服一层套一层，会给人一种做事很没有条理的直观印象，这么穿可不会给人好印象。

温馨提示

·穿西装时，应该从视觉上尽量减少衣服的层数，比如在衬衣内不穿高领、宽松内衣。

·春秋季节，西装内搭配一件衬衣即可。即使是冬天，也不应把毛衫穿在衬衣里面。

·任何季节西装内都不宜穿太厚的内衣和毛衣，且颜色不能过于杂乱。

西装里面的衬衫袖子要长短适宜

西装是不能配短袖衬衣的，如果你的衬衣袖子太短，容易给人造成穿短袖衬衣的错觉。在正式场合，这是不得体的。

衬衣的袖子如果太短，通常是因为不合身，穿着这样的衬衣举手投足之间容易出现领子变形、衣服变皱的现象。当你的衬衣因为短小而使胸前的纽扣之间露出皮肤，必然会造成尴尬。

温馨提示

·穿西装时，衬衣的袖口要长出西装袖口2厘米左右。

·衬衣的经典颜色是白色和淡蓝色，条纹和方格图案均可，但应选择线条细小、色彩浅淡的款式。

·衬衣的领口要高出西装领口2厘米左右。领带不能从西装后面的领子露出来。

不可穿着已经磨损的衬衣

衬衣领子上露着多次洗涤而产生的小线头，袖口上露着磨破的小洞，颜色也因为日久而黯淡、不匀……无论如何，穿着磨损的衬衣出现在别人面前都是不礼貌的。

服装是一个人外在形象的体现。人们习惯于从服装的精致程度来判断一个陌生人是否值得结交。穿旧衬衣，一方面让人感觉你很吝啬，另一方面让人感觉你不够重视细节，还让人感觉你生活和事业上的状态都不太良好。

温馨提示

·衬衣必须合身，且保持整洁。

·即使精心修补也会露出磨损痕迹的衬衣应该丢掉。

·平时应准备多件衬衣，及时替换；洗衬衣时应尽量轻柔，减少磨损。

在正式场合穿西装必须打领带

在正式场合穿西装不打领带，也许有的人认为这样会显得轻松、随和，事实上这是很失礼的行为。

司仪在主持婚礼时穿西装不打领带，是对新人的不尊重；出席高级会议穿西装不打领带，是散漫、无视规则的表现。

在正式场合不可系图案夸张的领带

领带是男人最常见的装饰品，但却不是什么样的领带都能系的。

出席正式场合，"礼仪"二字往往使人们联想到遵循传统。系卡通图案的领带，说明这个人不够成熟；系色彩杂乱的领带，说明这个人不够沉稳。在一个集体中以这样的面貌出现，明显会使别人觉得你"另类"。

虽然以上说明都是领带给别人留下的直觉印象，却至少证明图案夸张的领带在正式场合所起到的作用是负面的。

系领带要讲究章法

出席正式场合胡乱将领带系上，不讲章法，势必会引起别人的侧目和不满。

领带的系法从细节上体现出你对所在场合规则的了解和重视程度，也显示出你是否见过世面，是否有涵养、风度，是否对自己重视、有信心。领带系得太"自我"，虽然可以自认为是潇洒，但更容易给人以爱出风头、哗众取宠的印象。如果领带系得太随便，很不美观，则会显得邋遢，无论是出席正式场合还是普通的社交场合，都会遭到诟病。

系领带不考虑场合和所穿服装的款式，是搭配上的疏忽。

温馨提示
· 公务、商务场合常用的领带系法有温莎结、平结、四手结等。
· 穿燕尾服时，应系蝴蝶式领结。
· 穿休闲式衬衫时，可以使用风格多样的其他系法，以使服装整体显得活泼。

衣兜里不可塞满东西

一些刚接触西装的男人或不拘小节的人，都习惯把零零碎碎的东西塞在衣服兜里，这是不对的。

西装的衣兜是为整体造型设计的，作用主要是装饰而非盛放物品。衣兜里塞满东西，首先会使人显得粗鲁。其次，杂物会破坏服装的线条和风格，使西装看起来臃肿。再次，在衣兜塞满东西，容易发出杂声，这必定会使交际场合平添尴尬。

即使你穿的不是西装，在衣兜里塞满东西也是很不雅的。

男士不可在腰带上挂满钥匙等物

腰带上挂着钥匙、手机、打火机等杂物，会反映出主人物品管理能力的欠缺。

腰上挂满东西的男人，给人一种烦琐冗杂、没有魄力的印象；腰带上挂满东西，走路时难免相互磕碰、发出响声，从而使人心烦，与人交谈或同行时，别人的注意力必然会受到影响。男性腰上挂满东西也是炫耀的表现。以这样的形象与别人交往，尤其是与商界等领域的高层人士交往，必定会招致对方的轻视。

内衣不可露出外套

人们穿衣，常常会不经意间犯下相似的错误：冬天，男性的高领保暖内衣从衬衣领口中露出来，袖口从衬衣袖口中露出来；夏天，女性的内衣肩带从上衣的领口露出来或从短袖上衣的袖口中滑落出来。

内衣露出外套，对人对己都容易惹出尴尬，应当避免。

温馨提示

· 应尽量穿贴身、弹性好、隐蔽性高的内衣。

· 穿西装、职业装时，尽量不要穿高领内衣、高腰衬裤或衬裙。

· 外出前、见人前，一定要检查自己的内衣是否露出外套。

在正式场合不可穿闪闪发光的衬衣或外套

穿闪光的衣服会让你的形象也闪光？错误！

首先，闪光的衣服与公务、商务场合以及办公室、会议室的环境格格不入。如果你身为一个白领或蓝领穿闪光衣服，别人会认为你心思不在工作上；外出拜访别人或执行工作任务时穿闪光衬衣或外套，会显得不伦不类。其次，闪光的衣服对形成良好的修养、高雅的气质、不卑不亢的态度毫无帮助。能把闪闪发光的衣服穿得有品位、有气质的人不多，一般人穿上都会与"庸俗"和"低劣"这两个词结缘。

闪光的衬衣、外套一般适合舞台造型。

·在娱乐性的晚会上，偶尔穿闪光衣服不算失礼。

·应避免选择那些点缀金银线、人造宝石、流苏的衬衣和外套。

·如果穿皮衣，应选择亚光质感、色彩柔和、款式简单的类型。

女性穿套装不可配露趾凉鞋

露趾凉鞋虽时尚，却不是配任何裙子时都能穿的。

女性穿的套装也包括工作场所穿的制服。穿套装的场合一般是办公室、各种正式会晤等，氛围比较严肃。露趾凉鞋的休闲意味比较浓，如果搭配套装，第一会使女性的形象显得突兀、不雅，使所在场合的庄重色彩减弱；第二露趾凉鞋会凸显女性的性别色彩，从而使自己的职业身份被掩盖，可能会影响整体形象和庄重氛围；第三是违背一般正式场合的着装规则，给人一种以自我为中心和轻佻的印象。

露脚跟的凉鞋也不适合正式场合，不宜搭配套装穿。

温馨提示 ··

·女性穿套装时，应该穿中跟或高跟的皮质船鞋。

·在公务或商务场合，女性的皮鞋应该以暗色为主，如黑色、暗红色、深褐色，并且要与套装颜色相配。

·穿套装时所配的皮鞋款式应尽可能地简洁，不要有耀眼、零碎的彩色亮片等装饰。

女性不可穿破损的丝袜

当女性的丝袜破损时，它所起到的作用就不是美化和体现优雅庄重，而是起相反作用。

从仪表上讲，破损的丝袜会使腿部皮肤显露，使整体形象不和谐，如果露出汗毛，则显得较为随性。从留给别人的印象上讲，丝袜上有破洞和断裂的细丝，这样的女性起码会让人质疑她的谨慎细心，继而怀疑她的认真负责；穿着破丝袜见人，说明她不重视与她会面的对象。精细的丝袜本是女性表达对他人尊重的一种载体，丝袜破了，礼仪也就有了漏洞。

温馨提示
·购买丝袜时，应该挑选韧度和弹性较高的优质丝袜。
·女性上班或外出时应该随身准备一双备用的丝袜。
·破损的丝袜一般不容易修补得无痕，如果破损部位无法遮掩，就应换掉。

女性穿高跟鞋走路要避免声音太响

许多女性喜欢给高跟鞋钉上金属鞋掌，走起路来"嗒嗒"响，觉得这样很有味道。其实这种认识和行为都是错误的。

女性的高跟鞋"嗒嗒"响，说明她比较张扬，甚至会令人觉得她"飞扬跋扈"。女性公司职员在办公室里穿着"嗒嗒"响的高跟鞋走来走去，必然会影响别人工作；女服务员穿着"嗒嗒"响的高跟鞋为顾客服务，无形中就降低了服务水准；女公务员穿着"嗒嗒"响的高跟鞋参观访问，会让人认为她作风浮躁，做事走过场。

女性穿的高跟鞋声音太响是不恰当的炫耀，应当避免。

女性在商务场合应穿高跟鞋

商务场合，女性应该穿得庄重，不应穿有居家味道的平底鞋。

随便穿一双平底鞋上阵，不是明智之举。穿平底鞋，第一会使职业套装失色，第二会使女性显得不出色。

女性在商务场合要选择合适的鞋子，应以得体为主。

服装不可颜色过多

衣服上的颜色并非越多越好。

服装的颜色过多，就是没有重点。不要认为身上汇聚多种色彩是时髦、是美。如果是在工作场合，别人会从你的着装风格上联想到你处事的风格，从而不放心把重要工作交给你；如果是在社交场合，别人会认为你性格乖张，从而不乐于与你交往。如果你衣服上的各种颜色不协调，更会令人厌烦。

温馨提示
- 一套衣服的颜色应该在 3 种之内。
- 服装的色彩应以同色系或颜色互补、相配为原则。
- 服装上不同颜色的分布不要太杂乱。

服装颜色要与自身条件及周围环境相协调

服装的颜色与所处环境不协调，或过于沉重，或过于艳丽，都是不讨巧的。

很多衣服款式很好，摆在橱窗里看起来很吸引人，但它不一定适合你。也许你穿上它反倒比穿普通的旧衣服效果还差；也许因为它的少见，你必须再专门买一堆衣服来配它。穿一件色彩格外沉闷的衣服主持气氛活跃的晚会便不相宜。

颜色不合适的服装会损害你的形象，影响你的心情，更影响别人对你的印象，甚至阻碍你和别人的交往。

温馨提示
- 服装的颜色应该与肤色、季节及工作环境、所处场合相配。
- 服装的颜色不要太刺眼或显"脏"。
- 每两种颜色放在一起看，应该不显得突兀或浑浊。

配饰要讲究品位

塑料手镯、样式笨重的镀金胸针，诸如此类的配饰都是没有品位的体现。

一个戴劣质配饰的人，会让人觉得不诚实；一个戴样式夸张配饰的人，会让人觉得不稳妥；一个戴陈旧、有瑕疵的配饰的人，会让人觉得思考问题、办事不周全；一个戴色彩杂乱配饰的人，会让人觉得浮躁。配饰可以彰显一个人的品味，佩戴不合适的配饰会影响你的人际交往。

如果配饰没有品位，则无法起到积极作用，还不如不戴。

温馨提示

· 配饰的选择标准是质优、精致、简洁。

· 配饰的佩戴法则是少而有特色。

戴领带夹要注意场合

领带夹是一种常见的搭配西装的饰品。但它是不能乱戴的。

领带夹的作用一是标志身份。国际上默认，戴领带夹的男士是已婚人士。初入职场的年轻人佩戴它反而会显得故作姿态。领带夹的第二个作用是固定领带。在不需要固定领带的场合戴领带夹会显得多余。

领带夹并非人人都可戴，不顾身份和场合乱戴必然是不合适的。

·除了穿制服的人员和相应场合要求，不要戴领带夹。

·在正式场合或餐桌上可以使用领带夹。

·只有在穿西装时才能戴领带夹。领带夹应该别在衬衣胸前靠

下的位置，并且原则上应该让它隐藏在西装上衣里面。

不可在单层袖口的衬衫上别袖扣

袖扣被视为高雅男人的身份标志甚至个性标志。它是衬衫专用饰品，但是不能扣在普通衬衫上。

拥有庞大家族产业的继承人在单层袖口的衬衫上戴袖扣，别人会认为他没有接受良好的教育，更怀疑他能否承担重任；一个衣冠楚楚的经理人把袖扣装饰在单层袖口的衬衫上，即使他一再暗示自己的身份，也不可能轻易取得对方的信任；一个出席时装界聚会的设计师在单层袖口的衬衫上别袖扣，别人会认为他的专业性有待商榷。

袖扣戴错地方只会适得其反。

·袖扣只能用在俗称法式衬衫的双层袖口衬衫上。

·袖扣应在出席正式场合、隆重场合时佩戴。

·材质精、设计美的袖扣才能起到应有的作用。

戴戒指要遵循传统习惯

戴戒指不单是为了美观和体现身份，还应该考虑不同手指上的戒指代表的意义，否则就犯了社交礼仪的忌讳。

戒指戴得太多有自大之嫌，戒指戴错了手指会引起麻烦。单身的人戴错手指，大概会让别人望而却步，说不定还会被人认为是别有用心、故意戴错。

戒指是会说话的。不遵循传统习惯而戴错手指，就会让别人理解错误。

温馨提示

·戒指一般应戴在左手上，并且戴一枚就足够了。

·无名指上戴戒指表明已婚，中指上戴戒指表示已有恋人，小指上戴戒指表示独身。

·食指上戴戒指，表明正在寻找恋人。大拇指上尽量不要戴戒指。

第二章

20 几岁要懂得的交往礼仪

不可称呼自己为"某先生／某小姐"

"您好！我是李先生""我是张小姐"……这样的自称听起来很堂皇，却是错误的。

作为上门推销的业务员如此称呼自己，表明他连起码的职业素养都没有；作为参加求职面试的大学生如此称呼自己，表明他待人接物的能力欠缺；作为演员或主持人在公众面前如此自称，表明他严重自恋。

中国人向来奉行谦恭的态度，称呼自己为"先生"或"小姐"，显然是有违传统礼仪规矩的。

温馨提示 ....

·面对长辈、亲朋，可以用自己的名字或小名自称。

·向不熟悉的人或通过电话沟通的陌生人进行自我介绍时，应以全名自称，也可以以自己的姓自称，如"我姓李"。

·对方是上司或上级领导时，应以全名加职务说明进行自我介绍，比如"我叫某某，是财务科的负责人"。

在非正式场合也不可随意称呼别人

在非正式场合称呼别人并非不需要讲究。

对女服务员称"小姐"，会被对方视为侮辱和调戏；用对方恋人专用的昵称来称呼异性朋友，对方难免认为你有什么企图。不合适的称呼会使对方生气、恼火。

从你对别人的称呼中，别人考察着你的素质和教养，判断着你对别人的尊敬程度，甚至从称呼中判断你的人际关系。不假思索地使用称呼，既容易造成误解，又可能给自己招来意外的麻烦。

温馨提示

· 称呼别人之前，应先了解当地习惯，考虑自己和称呼对象的关系。

· 称呼同事、朋友、邻居、熟人，可直呼其姓名，或只叫对方名字而省略姓，或以"老×""小×"的方式称呼。

· 在公共场合称呼陌生人，应根据对方的年龄和性别进行称呼，如"女士""先生""小伙子""老伯""大妈"等。

握手要注意场合

握手是一种礼貌，但如果不分场合握手，就不能说是礼貌之举了。

听名人作报告，对方报告完毕，正在喝水解渴，你热情地伸手相握，无疑是对他的不敬；初次拜访别人，对方正在接电话，你迫不及待地与对方握手，显然是对他的打扰；别人双手抱着一堆资料从图书馆出来，你殷勤地伸手与对方相握，明显是给对方出难题；参加社交聚会，看到一个朋友正在和别人交谈，你马上要求握手，一定会被人视为冒犯。

握手不看场合会引起误会和尴尬，因此，握手之前一定要事先观察好"形势"。

不可用左手握手

有的人握手时，表情和动作看起来都很标准，其实错了，因为他用了左手。

一些国家认为左手不洁，如印度、俄罗斯等，他们认为左手一般是人们如厕用的，用左手握手是侮辱和不敬的做法。我国的一些少数民族也有类似的看法。如果故意以左手握手，更会加深对方对你厌恶和戒备的心理，不要说合作，彼此深入了解也许都很困难。参加大型典礼或电视直播节目，用左手握手，你的失误立刻会被大家看到，并迅速成为你形象上的污点。

用左手握手不合礼仪。

切忌戴着手套或墨镜握手

　　戴着手套握手不能说明你很讲卫生，正如戴着墨镜握手不能说明你有神秘迷人的气质，这是错误的、不受欢迎的行为。

　　戴着手套或墨镜握手，别人会感觉不到你的温度，看不到你的眼神，无法感知你的内心，无法相信你的真诚。如果你的地位高于对方，这样握手是在表示自己身份高贵，不屑与对方接触；如果对方的身份高于你，这样握手是对别人的轻蔑和戒备。当别人主动伸手与你握手时，你这样做会让对方感到失望。

温馨提示

· 握手前应该把手套或墨镜摘下，如果有特殊情况，一定要事先说明并道歉。

· 在社交场合，女性戴薄纱手套与人握手是被允许的。

· 与别人握手后，要避免马上用纸巾擦手或洗手，以免别人误以为你嫌弃对方。

握手时应起身站立

　　坐着握手是向握手对象暗示你不想和他握手，代表和传达出的是消极态度。

　　坐着与陌生人握手，对方会觉得自己不受尊重；坐着与晚辈握手，对方会觉得你自以为是；坐着与下属或客人握手，对方会觉得你装模作样、摆架子。坐着握手可以被理解为否定对方，被误解为敌意，也可以被理解为无视对方，被误解为轻蔑。即使你无心得罪别人，也会给别人留下故意而为的印象。

即使年龄与身份相仿的熟人相见，坐着握手也不能称得上礼貌。边握手边和其他的人寒暄，说明你对握手对象心不在焉。

温馨提示
·除非是残疾人，否则应该站起来与人握手。
·年长者或身份较高的女性可以坐着与人握手。
·握手时，另一只手不能插在衣兜里，嘴里不应该有食物、香烟等物。

勿用左手递接名片

名片虽小，送出和接受时也不该只用左手，甚至只用左手的两个手指，因为这是令人厌恶的行为。

左手递名片是对接受者的不敬，左手接名片是对递出者的不敬。在公众场合中，如果你的公众形象很好，左手递接名片会使你的形象受损；如果你尚未达到一定的知名度，左手递接名片会让你的公众形象贴上负面标签。面对长者这样做，你会给对方以"犯上"的印象；面对晚辈这样做，你给对方以"耍大牌"的印象；面对平辈人这样做，对方会觉得你对他有消极看法。

温馨提示
·递接名片时动作应从容。
·递送和接受名片时应用双手或右手。

在社交场合要主动介绍自己

有的人在社交场合或公务场合不主动做自我介绍，也许他认为，让别人来介绍自己才够面子。这是错误的。

到外单位公干不做自我介绍，对方就不能肯定你的身份，甚至不相信你的身份；在社交场合遇到自己想结识的人，单方面询问对方而不做自我介绍，对方会摸不清你的来路。即使你是公众人物，初次到异地访问或出席正式活动而不做自我介绍，别人会认为你把自己抬得太高。

只要你面对的人与你是初次交往，就应该做自我介绍。

温馨提示

·自我介绍时可以用介绍信、名片等做辅助工具，或者请别人辅助介绍，如请别人把你带入一个陌生的交际圈。
·自我介绍应突出自己的优点和特点，讲究方式。
·自我介绍应该组织好内容和语言逻辑，防止杂乱无序。

上门拜访前先预约

贸然上门拜访是不符合礼仪之举，如果你有事求或商量，则失望的可能性会加大。

因为公务去别人的办公地点贸然拜访，对方可能正在处理事务而无暇顾及；如果对方已经出差，你连向对方打个招呼的机会都没有。如果是拜访私人而贸然上门，对方可能在招待客人、举办小型聚会、休息，甚至有可能在和家人讨论问题，你的到来必定会让对方感到不知所措。贸然上门拜访，对拜访者来说会让主人感到突兀、为难，对接待者来说会因为没有准备而难以让来客满意。

温馨提示

· 上门拜访前应该和主人预约。

· 上门拜访时应该征得主人的同意。

· 上门拜访时应保证不打扰主人的正常工作和生活。

不可单独夜访异性朋友

单独夜访异性朋友引起别人的猜疑和误解自然是难免的。

无论是让异性朋友误解，让异性朋友的伴侣或家人误解，还是让异性朋友周围的熟人、陌生人误解，都是不应该的。好心拜访别人，反倒让对方背负名誉上的负面影响，给对方心里"添堵"，这能说是符合礼仪的做法吗？

温馨提示

· 拜访异性朋友时最好有别人做伴。

· 拜访异性朋友应该在白天。

· 拜访异性朋友时在对方处不应逗留太长时间。

到朋友家做客不宜带小孩儿同行

到朋友家做客带小孩儿同行并不礼貌。

如果你的孩子很小，必然需要时时悉心照顾。带孩子上门，吃喝拉撒都在朋友家，不但不雅观，还会制造令人不舒服的气味和噪声，想必给朋友带来的麻烦会多过乐趣。如果你的孩子特别淘气，到朋友家后可能会打破东西、索要朋友家新奇的物品、撒娇哭闹，这样大人自然就无法正常交谈，更不要谈开心和乐趣了。

到朋友家做客，除非朋友强烈要求，否则不要带小孩儿。

温馨提示

· 拜访朋友时尽量不要带太小的孩子。

· 带小孩儿到朋友家做客时，应该保证孩子不过分哭闹。

· 带小孩儿拜访朋友时，不要让小孩儿破坏朋友家的物品。

切忌带着送给别人的礼物访友

带着送给别人的礼物访友是不合适的。

带着送给别人的礼物访友，如果对方误以为你是带给他的，必然会很高兴地请你放在某个位置或主动上前接过收好。然而当对方反应过来后，拿也不是，放回去也不是，双方都很尴尬。当对方知道这礼物不是带给他的，甚至会认为你是故意以此举来向他表示不满或示威、讽刺。访友本是好意，却无端惹出尴尬，谁也不会觉得这是礼貌。

温馨提示

· 带着送给别人的礼物访友时，应先把礼物寄放在别处。

· 不得不带着送给别人的礼物访友时，应先将物品向对方说明。

· 带着送给别人的礼物访友时，最好给朋友也准备一份礼物。

敲门时要把握分寸

敲门时不掌握分寸，咚咚乱敲，敲到让人心烦的地步，一定是令人不适的。

杂乱的敲门声让人感到心烦意乱，同时会令人觉得敲门的人太嚣张、脾气暴躁。过大的敲门声会影响其他人正常工作或休息。持续不断的敲门声会让人紧张，感到被催促、被逼迫的压力。即使上门者有要紧事，敲门无所顾忌也会令人不舒服。

温馨提示
· 敲门时声音要轻而有节奏，以对方能听见而又不太响为宜。
· 敲门时一次敲两三声即可。
· 敲门时间不要太长。

进门要换鞋

进门不换鞋是不对的。

穿着鞋子进门会把户外的脏土、杂物带进室内，污染主人精心清扫的地面，还可能带进病菌。进门换鞋是对主人劳动成果的尊重，能使主人的居室保持整洁，也是对主人健康的负责。进门是否换鞋并非原则性问题，但如果主人家有进门换鞋的习惯，作为客人上门不换鞋就是粗俗的表现。进门换鞋这一细节，能体现出客人对"礼仪"二字的理解和尊重，体现出客人有良好的修养。

·做客时，进门前应询问主人是否需要换鞋。

·换鞋时应根据主人家的习惯将鞋放在指定位置。

·如果鞋子很脏，进门前应先清理鞋底、鞋面。

拜访要控制时间

拜访任何人都应该控制好时间。

拜访好友，拜访自己崇拜的人，拜访亲戚，兴致上来，一坐大半天，几个小时过去也没有走的意思，即使对方再有谈话的兴致和良好涵养，也会感到疲惫。如果对方与你是初次交往，说不定会被你这种超级热情吓得再也不敢接待你。拜访别人时逗留时间长到让对方厌恶甚至害怕，没有人会觉得这样是礼貌。

同样，拜访时间太短，见一下，没过 5 分钟就走，对方会认为你是嫌弃和敷衍，这样也是不合礼仪的。

·临时性访问应该控制在 15 分钟左右。

·一般关系的拜访和事务性的拜访时间应控制在半小时以内。

·好友聚会时间最好不要超过两小时。

切忌随便进入主人的房间

随便进入主人的房间，有窥探隐私之嫌。

第一次上门拜访，处处觉得好奇，主人请你在客厅里坐，你偏偏把目光投向其他的房间，不等主人答应，你就自作主张地推开对方的卧室进去参观——这样做相当不礼貌。如果主人家其他房间里有人，贸然闯入是对其冒犯；如果主人除客厅之外的房间都未打扫，贸然进入会使主人尴尬；如果主人家藏有贵重或新奇的物品，四处乱闯会让主人担忧。

主人送客时要礼让

主人送客时，客人不应该心安理得地接受主人的送行而不做出任何表示。

主人送客人送到很远，客人却未出言谦让，此举难免给人以傲慢无礼之感。主人送客时不礼让，会让满怀热情的主人在情感和礼仪上缺少回应，也会给主人留下自私的印象；主人送客时不礼让，会给主人增加负担，送客越远，主人所做的额外付出越多。

主人送客，尤其是客人与主人比较熟悉时，客人千万不能无动于衷。

·主人送客时客人应请对方留步。

·主人送客时客人不要与对方长时间寒暄。

·如果主人站在门口目送客人，客人到转弯处应回头再次向主

人挥手道别。

做客后要向主人致谢

做客后应向主人表示感谢，以示礼貌和尊重。

如果主人特地隆重招待了你一次，告辞时你却一句感谢的话都不说，对方一定会觉得自己的殷勤款待未得到承认。做客后向主人致谢是必须的礼貌，也是体现一个人是否有涵养、有教养、有感恩之心的试金石。

没有人愿意招待一个不懂得感恩的客人。

·做客后要向主人口头表示感谢。

·如果主人待客很隆重，客人返回后应打电话或写信向主人表

示感谢。

·如果有必要，客人应该适时用礼物回谢主人或者回请主人。

喝茶时要细细品味

主人郑重地捧出名茶，精心冲泡，你却举杯一饮而尽，甚至咕咚有声，还让茶水从嘴角流下来，这就是牛饮。动作倒显得淋漓酣畅，

却严重损害了你的形象，让你仪态尽失。

喝茶牛饮，就无法体会茶味之美，不能体会茶文化的内涵，以致辜负主人的好意。如果主人的茶价值不菲，牛饮是对主人茶叶的浪费。喝茶牛饮，还会让主人产生你故意与其作对的误解。

温馨提示
·喝茶时不要一口气喝完。
·喝茶时应该动作文雅、态度平和。
·喝茶时不要发出声音。

客人来访要起立

客人到来时不起立迎接是错误的。

长辈做客也好，同事和朋友来访也好，晚辈拜访也好，如果不起立迎接就不足以表达欢迎、友好、敬重之情。客人到来，主人该看电视继续看电视，该浇花仍然浇花，顶多抬头向客人努努嘴，意思是说"坐"。如果你做客时遇到这样的主人，想必一点儿身为客人的优越感都不会有了。客人到来时不肯起立迎接的主人，即使笑容再灿烂、话语再动人，也会使客人失望和误解。

温馨提示
·客人到来时，主人应马上放下手中的事情，或停止与别人交谈。
·客人来访时应该起身相迎。
·主人应该与客人热情寒暄。

敬茶不可满杯

敬茶满杯不代表大方、热情，反倒是不妥当的做法。

中国有"茶满欺人"之说，因为一方面茶水一般都很烫，茶水倒得太满，水容易溢出，烫到客人的手，或泼洒到桌上或地上；另一方面，茶水倒得太满，主人端杯时容易将手指浸泡在茶水中，这自然是会令人反感的。敬茶满杯，客人会认为主人厌烦自己，或者对自己有不满意的地方而不愿直说。

温馨提示
·敬茶时，倒水至七八分满即可。
·敬茶时，应避免茶水溅出，更不要让茶水淋湿客人的衣服或文件。
·敬茶时，应用双手或右手递上。

最好不用一次性纸杯盛水待客

用一次性纸杯待客显得有些敷衍，如果用纸杯冲茶待客，更是不礼貌的做法。

中国人喝水一般讲究水杯的质地和档次，纸杯是临时用具，使用纸杯一方面显示出主人对客人不够重视，另一方面说明主人与客人之间不够亲近。一次性纸杯给客人的感觉是：自己和主人的交往是"一次性"的。虽然一次性纸杯更卫生，却不符合中国人传统思想观念中的"人情"。

敬茶后要及时添茶

敬茶不可不添茶。敬茶不添茶，等于是告诉客人：不想招待你了。

在中国传统礼仪上，敬茶讲究"不过三杯"，但是只敬一杯，显然是"不够意思"的。如果主人的茶叶是上品，主人只敬一杯，客人会觉得主人太小气，太不近人情。如果客人是初次到访，只敬一杯，客人会认为主人欺生；若客人是熟客，只敬一杯，客人会觉得主人与自己疏远。

不可频繁添水

如果你想表现好客，请不要用频繁添水来表现。

为口渴的客人添水是体贴，为爱喝水的客人添水是关心，为喝茶的客人添水是尊敬。但频繁添水就是不礼貌、不尊敬的表现了。喝水要有限度，水喝得太多，享受就变成了受罪，客人会被无休止的水吓倒。另外，频繁添水在一些老辈人看来，有逐客的意思。如果你与客人相谈正欢，却频频为其添水，对方一定会对你热情的表现和添水的动作感到困惑。

不可在客人面前与家人争吵

在客人面前与家人争吵的主人不合礼仪。

当着客人与家人发生争吵，甚至打骂，会制造出紧张、难堪的气氛，会让在场的客人感到自己"来得不是时候"；主人当着客人的面与家人争吵，容易被客人认为是"指桑骂槐"，误以为真正的矛头是针对自己；在客人面前与家人争吵，是将家丑外扬的表现，是把不好的一面暴露在客人面前，有损主人的形象；当着客人的面与家人争吵，会严重影响宾主交谈的效果。

·待客时应与家人和睦相处。

·如果与家人产生矛盾，应待送走客人之后再解决。

·待客期间，不要故意与家人发生口角和争执。

不可任由自家小孩儿打扰客人

无论是多么要好、多么不拘小节的客人来访，都不应该让自家小孩儿任意打扰客人。

与客人谈重要事情时任由孩子在客人面前跑跳，问东问西；客人的衣着打扮有些特别，自家小孩儿不停地玩弄客人的衣服；主人的孩子哭闹着让客人为他买糖果……这些都是任由自家孩子打扰客人的表现。客人不会和小孩子计较，但受到打扰后就不免失态，耽误宾主交流。小孩儿任意打扰客人还容易给客人留下"这家人不懂家教"的印象。

·招待客人时，应该首先安顿好自家小孩儿。

·当自家小孩儿哭闹时，主人应尽快抚慰，不应当着客人的面呵斥、打骂。

·如果自家小孩儿已经懂事，要事先教其礼貌地称呼客人，并嘱咐其不打扰客人。

待客时照顾来客的小孩儿或陪同者

待客时，别忘了照顾来客的小孩儿或陪同者。

既然是待客，每一位随自己邀请对象来到家中的人都是贵宾，不应区别对待。待客时不照顾客人的小孩儿或陪同者，会让客人误以为主人讨厌自己带来的孩子或其他人，或者认为主人是在故意做给自己看、贬低自己，客人自然无法很放松地享受主人的招待。忽略了客人的小孩儿或陪客，小孩儿或陪客自己也会感到备受冷落，很容易显得拘谨或故作轻松。

温馨提示 ···

·待客时对客人带来的小孩儿应悉心照顾，给其准备玩具。

·对待与客人同来的陪同者应一视同仁。

·当主人与客人单独交谈时，应为陪同者安排接待者或娱乐休闲项目。

···

留宿客人要问客人的习惯

让客人在自己家留宿时，不问客人的习惯，按自家习惯照顾对方是不对的。

客人不习惯睡软床，你却特意在为客人准备的床上加铺厚厚的床垫，虽是好意，却让客人无法享受；客人不喜欢看肥皂剧，你却在招待客人期间极力向客人推荐，并请对方和你一起看五集连播的电视剧，客人内心一定苦不堪言。

57

点菜要问客人是否有禁忌

点菜不问客人有什么禁忌，不是合格的主人。

请客人吃饭不问禁忌，为不喜欢吃甜食的人点甜点，为喜欢吃辣的人点一丁点辣椒都没有的清淡菜，为喜好素食的人点大量肉食……也许你点的菜都是你最喜欢吃的，也许花费很高，也许是当地最有特色的，但不一定是客人喜欢的或者是客人能吃的。

点菜不问禁忌，会让客人感觉受到轻视，是很不礼貌的。

待客交谈时要避免冷场

待客交谈时冷场，是主人应该竭力避免的情形。

待客时，如果主人不说话或说话很少，客人就会感到紧张和无聊，会认为主人是在故意制造难堪，暗示客人"你不受欢迎"；如果客人谈话热情不高，主人便顺其自然，也停止发言，客人会认为主人是在赌气。待客本来应该是个宾主尽欢的场景，如果冷场，就会显得有失"礼仪"。

温馨提示

·待客时，不要故意冷落客人。

·待客时，如果客人不爱说话，主人应主动寻找话题。

·待客时，如果客人对某些话题很感兴趣，主人应主动顺应并配合客人。

送客要送到门外

送客不到门外，你对客人的招待不算圆满。

客人提出告辞，主人立即起身挽留，但只是目送客人自行出门，这样的挽留未免太虚伪勉强。送客不到门外，说明主人在潜意识里早就在盼望客人离开。客人有了这样的认识，心里必定不会舒服。整个接待过程都非常热情、到位，而主人不把客人送到门外，就会将主人的全部热情消融殆尽，可谓是功亏一篑。

温馨提示

·送客要送到门外、楼下，并亲切道"再见"。

·如果客人初次到来，应将客人送到稍远一点的地方。

·对于贵客，可将其送到车站，并为其准备礼品。

送客时走在长者后面

送客时，主人不应该走在长者前面。

尊敬长辈应该体现在待客时的任何一个细节里。送客时走在长者前面，会让客人有"主人嫌我走得慢，他巴不得我早点离开"的误解，还会让客人觉得主人不懂尊重长辈，不够稳重。

送客时主人走在长者前面，无法让他们体会到长者的尊严。

温馨提示

·送客时，主人要走在长者身后。

·送客时，主人要主动搀扶年老体弱的客人。

·送客时，主人行走的速度不要太快，不要距离客人太远。

贵客走后要及时问候

贵客走后，主人不再问候是不得体的。

全心全意地招待贵客，不等于已经尽心。贵客离开后主人不闻不问，会让客人感到自己接受过的招待是出于客套，是虚伪的。贵客走后不再问候，显得主人做事虎头蛇尾，不懂得"善后"，而且对客人缺少发自内心的尊重和关心。如果客人往返都需要鞍马劳顿，客人走后再不向其问候，主人在客人心目中的形象和地位一定会一落千丈。

温馨提示

·贵客如果是白天离开，视其返回路程远近，当天应用电话、信件等方式向对方问候平安。

·贵客如果是晚上离开，主人应在次日白天非工作时间向其表示问候。

·贵客告别后，主人应与其保持联系。

切忌脏话不离口

无论什么样的脏话，都不宜说出口。

在大街上口出脏话，会让你仪态尽失，并给人以没有教养的印象；在长辈面前说脏话，会让对方认为你不把他放在眼里；在异性面前说脏话，会将对方置于尴尬的境地；在办公室里说脏话，会"污染环境"；在外宾面前口出脏话，对方会质疑中国国民的素质。说脏话会降低人的身份，还会给人以故意惹是生非的嫌疑。在任何场合、任何时间，面对任何人，口吐脏话都会被人鄙视。

开口说话前，一定要事先检验其中有没有脏字。

温馨提示

·和别人说话要注意自己的身份和所处场合。

·当众说话要礼貌，用语要文雅。

·说话要看对象，养成"三思而后说"的习惯。

请人帮忙要说"请"

"喂，给我拿某某东西！""快来帮忙！"听到这样生硬的请求，你愿意帮助对方吗？

请友邻单位帮助解决会议场馆的问题时不说"请"，对方会觉得你态度强硬，难以接受；请陌生人帮你指路时不说"请"，对方会觉得你粗野无礼，不愿帮忙。请人帮忙不说"请"，无论对方是长辈、晚辈还是同事、亲朋，都会有受逼迫、被斥责的感觉。如果对方较真起来，你不经帮助就无法完成的事就肯定完不成了。

任何人都没有义务无条件帮助你。因此，请人帮忙，千万别忘记说"请"。

温馨提示

· 请人帮忙时一定要使用礼貌用语，如"请""拜托"等。

· 即使被拒绝或别人没有令你满意也要向对方说"谢谢"。

· 不要勉强别人为你做事，不要用命令的语气要求别人。

请求帮助不可超出别人的能力范围

利用友谊请求帮助，可能是请对方做自己不想做或者超越对方职责范围的事情。这样做显然是不为对方着想、对对方不利的。

以友情为筹码请别人做事，会让对方认为你自私自利；把友情当作利用别人的手段，别人会觉得受到威胁。利用友情请人帮忙，本身就是对友情的伤害，会让别人怀疑你交友的初衷，降低对你的信任。

你的要求再迫切，理由再充分，即便你只是想强调一下你的需求很重要，也不该拿友情说事。

温馨提示

· 应该把为人做事和朋友关系分别对待。

· 自己能做到的事情不要拜托别人。

·不要要求别人做他职责范围和能力之外的事情。

致谢、道歉要及时

致谢和道歉只有及时表达才能起作用。

企业、公司接受客户的产品或服务质量投诉后不及时道歉，信誉就会受损，甚至会影响品牌形象；接受同事、亲友的帮助后不及时致谢，无意间妨碍或伤害了对方而不及时道歉，彼此间的关系就会淡化甚至恶化；陌生人给予你帮助，你却不及时感谢，你给陌生人带来不便而不及时向其道歉，对方会想"这人真不知趣，太没教养了"。

不要觉得早一点儿或晚一点儿致谢或道歉无所谓，如果不及时，再诚恳的行动也显得虚假、勉强。

温馨提示

·得到别人的帮助后应立刻道谢，误解别人或妨碍别人时应当道歉。

·无法面谢对方或无法当面道歉时，可以托人转达或以信件、电话的形式表示谢意。

·受到的帮助很多或给别人带来的麻烦很大，应该及时以登门致谢或送适当的礼物向对方致意。

拒绝他人要委婉

直截了当地拒绝别人很不礼貌。

别人刚提出他的请求，你就不假思索地一口回绝，对方自然会认为你不近人情，过于冷漠；熟人提出请求，你断然拒绝，对方会觉得自己很没面子；别人抱着很大希望请求你帮忙，你却当众毫不客气地拒绝，对方一定觉得十分难过；心胸狭窄的人遭到你的拒绝，心中难免抑郁不平。如果拒绝方式不当，还会导致误会或矛盾甚至事故。无论对方身份如何，断然拒绝都可能对双方造成不利影响。

为了不给求助者带来伤害，也为了使自己不被误解，我们要注意说话的方式方法。

温馨提示

·对于违法、违背自己原则的事情可以直接拒绝，但仍要态度礼貌。

·对于自己办不到的事情，要耐心向对方说明原因并请对方谅解。

·如果对方和自己关系很好，拒绝时要考虑对方的感受，说话要委婉。

注意多赞美他人

吝啬赞美和客观公正、光明正大不是一个概念。吝啬赞美别人是失礼的。

对下属吝啬赞美，对方会心理紧张，怀疑自己的工作能力；对上级吝啬赞美，对方会降低对你的关注程度；对亲朋吝啬赞美，对方会信心不足，怀疑自己与你的关系；对客户和宾客吝啬赞美，对方不容易对你产生深刻印象，进而延缓双方交往的深度和持久度。

赞美是一种礼仪，懂得赞美的人更受人欢迎，更容易展开社交并取得成功，不要因为吝啬赞美而让别人对你失去好感。

别人失误时不要大惊小怪

别人失误时大惊小怪说明你没有修养，缺乏风度。

别人发言时说错了话，你的大惊小怪会让他更容易出错；别人在
工作中做错了一份报表，你的大惊小怪会让对方更加烦躁；别人打错
了电话，你的大惊小怪会让别人觉得小题大做。在身份较高的人失误
时大惊小怪，在别人看来是嫉妒心理的泄露；在地位低于你的人失误
时大惊小怪，在别人看来是向其施加压力的表现。

别人失误时大惊小怪，对人对己都没有益处，这样做是有悖礼
仪的。

切忌用食指指人

用食指指人是最不礼貌的行为。

介绍人们相互认识时用食指指人，你会给别人一种高高在上的感觉；招呼别人时用食指指人，会让对方觉得你自大、不把对方放在眼里；双方交谈提到对方时用食指指人，会有威胁和蔑视对方之嫌；在别人背后指指点点，会有说别人闲话的嫌疑。

用食指指人有侮辱、轻蔑之嫌，应坚决杜绝。

温馨提示
·指人时应该掌心向上、四指并拢，做类似于"请"的姿势和动作。
·指自己时也不要使用食指，而要手指并拢触胸或以掌心按胸。
·做手势时，动作幅度应加以控制，上举不要超过对方头部，向下不要低于自己的腰部。

不应随意拍别人肩膀

用拍肩膀的动作表示友好、问候、请求、询问的人不在少数，但这是不值得提倡的动作。

随意拍领导的肩膀是冒犯领导，别人也会为之侧目、心生猜疑；随意拍陌生人的肩膀是试探或进攻，别人会对你产生防范心理。

关系未到一定程度或场合不适合，不应随便拍别人的肩膀。

对别人的尴尬要帮助化解

别人摔了一跤，别人被突然而至的大雨淋成了落汤鸡，别人的衣
服扣子没系好，别人受到了嘲讽……每个人都可能遇到意想不到的尴
尬。但别人的尴尬不应该成为你的笑料，更不该将其指给其他人看。

路人被踩掉鞋子，你指给别人看，对方不会认为你善于发现细
节，而会认为你心理阴暗。你将别人的尴尬指给其他人看，日后其他
人遇到尴尬，相信你会指给另外的人看。长此以往，你会失去别人的
信任和尊重。

探病前要问清情况

探病一定是为了表示对病人的关心，但不事先问清情况就探问，有百害而无一益。

如果病人是刚做完重大手术，急需静养，你前去探视只能给病人徒增负担，对其康复毫无益处；如果病人处于昏迷或危重状态，随时都需要医护人员的严密看护，你前去探视是对治疗工作的妨碍；如果你去探望时赶上病人吃饭、休息或接受治疗，必然会打乱病人的正常作息。

探病不将情况了解清楚就贸然前往，既耽误自己的时间又对病人不利，甚至可能引起病人家属的反感和批评，当然是错误的。

温馨提示
·探病前应问清楚医院允许探视的时间，以及病人的病情、作息规律。
·如果病人情绪不稳、心情烦躁，需要独处，则不应强行探视。
·当病人需要隔离观察或治疗时不要探视。

探病时切忌详问病情

如果你觉得探病时郑重地向病人本人或在场的病人家属、医护人员详问病情，能充分体现出对病人的关切和安慰，这说明你对探病礼仪误解甚多。

一进到病房里就向病人索要病历，想看个究竟；看望病人期间不停地谈论治疗方案，如果病人不希望别人知道详情，这样做会使病人难堪。医护人员查问病人时，马上详问治疗手段和用药情况，这样做会触到病人的痛处，使其感到惊惶；不断询问医护人员病人的病情，会干扰医院的工作。

探病时，一定要避免询问病人具体的病因等问题。

探病时宜说一些轻松话题

探病时谈什么话题，这个问题可不简单。

病人得的是小病，如果你大谈"小病时间长了就变成大病"，别人就会认为你在诅咒病人；看望病人本该慰问对方，如果你谈论自己在工作或生活上的苦恼，别人会觉得你很无聊，对病人表现出极度的"不体贴"；在病房里谈论别人的闲话以及种种负面的社会新闻，病人会觉得心情沉重。

探病时谈沉闷的话题，是对病人健康的不负责。

·不宜谈争端话题、容易引起兴奋的话题。

禁烟场合不可吸烟

在禁烟场合吸烟，在有些人看来只是面子问题，敢于在禁烟场合吸烟是个性和勇气的表现。这种认识实在是错误的。

首先，在禁烟场合吸烟是违反规定和有损公德的事，破坏规定，显然是错误的；其次，在禁烟场合吸烟会造成危险或给他人带来不便。在机场、加油站等地吸烟，容易引起火灾和爆炸；在医院、剧场里吸烟，会污染空气，危害他人健康。身为长辈或上级，身处禁烟场合时吸烟，无疑是在制造不良行为的源头。

温馨提示

·在任何公众场合都应遵循禁止吸烟的规定，避免在有禁烟标志的地方吸烟。

·面对女性和孩子及不吸烟的人时，应该避免吸烟。

·在商业谈判、开会、作报告、讲课等场合，即使面前有烟灰缸，也不应吸烟。

切忌在用到别人的时候才表示热情

用到别人的时候才表示热情会给人一种不"实在"的感觉。

平时不怎么打交道的邻居，忽然殷勤上门、嘘寒问暖，原来是想请你介绍一个某行业的熟人给他，此时你一定会感到对方太过虚伪；平时关系一般的同事突然送你高级礼品，一问才知道对方想请你帮忙，你一定会认为对方太势利；多年不联系的老同学突然上门拜访，究其原因，原来是对方在工作上想请你帮忙，你一定会感觉自己被对方当作了棋子。反过来说，如果你这样对待他人，对方也会这样待你。

温馨提示
· 对别人的热情应该始终如一。
· 有求于人的时候说话不应太谄媚。
· 对周围的人，不应因对方对你没有帮助就不问候、不理会。

不可以貌取人

尽管人们都提倡注意自己的形象，也很注重穿着打扮，但人天生的容貌和体型是不容易改变的。外貌只是给人的第一印象，以貌取人却是错误的。

服务人员以貌取人，会让顾客感到尊严受挫，其结果是客户资源流失；管理人员以貌取人，会让被管理者信心受挫，不利于工作。同时会见一群人，只对外貌出众者表示尊敬和好感，其他人一定会感到不公平。在并不特别强调外貌的单位，招聘时以貌取人，也许会错过优秀的人才。

温馨提示
· 应以平和心态对待他人的容貌和衣着打扮。
· 应该以平等的态度对待外表不同的人。
· 应该善于发现外表一般的人身上的优点。

71

在别人有难处时应出手相助

在别人有难处时找借口离开，绝对不是礼貌之举。

甲心中有烦心事，看到乙闲着，希望乙能听他说说话，而乙却做出"我有事，先告辞了"的回应，甲一定认为乙是故意为之；乙做一项重要工作时暂时腾不出手，希望甲帮他打个下手尽快把任务赶出来，甲却推说自己有约而离去，乙一定会感到甲很自私。别人有难处时，最能验证旁观者的真诚，当然也能在这种关键时刻验证旁观者的礼仪修养。

温馨提示

· 别人有了难处，能帮的就帮，帮不上的也应给予安慰。

· 如果别人的难处是不正当的事情，应予以劝诫。

· 如果的确对别人的难处帮不上忙，应该认真解释。

与熟人保持联系

长时间不联系熟人，彼此间的感情可能会淡漠。从礼仪上说，这是对熟人的冷落，是不礼貌之举。

长期不联系熟人，当你的地址和联系方式发生变更，对方如果联系不上你，就会认为你故意与其断绝关系。长期不联系熟人，对方会认为你已经将其遗忘。当你们长久未联系后突然问候对方，对方会感到突兀和不适应；如果你正好有事相求，对方会认为你是势利小人。

即使没有重大事情，你与熟人也不能断了联系。

·朋友、熟人应该经常保持联络，即使没时间常见面也应常
联系。

·应经常性地了解熟人的近况，致以问候，并向对方告知自己
的近况。

·当你有个人的重大事件如乔迁、升迁、结婚等，应该及时通
知熟人。

观看别人下棋时不宜插嘴

别人聚精会神地下棋，你不时插话，满嘴"象""车"不停。这
种人很不受欢迎。

如果你这样做，一来会破坏下棋者公平竞争的局势，二来会扰乱
他们的思维和心情，再者会显得多事、多嘴多舌，不懂规矩。观看别
人下棋时多嘴多舌是不礼貌的举动，如果你的声音很大很刺耳，估计
全体参与者都会"当机立断"，马上转移阵地。

看别人下棋，一句与棋局有关的建议也不该说。

·观看别人下棋时应保持安静和沉默。

·可以叫好，但不应未经允许指点他人。

·不应对参加游戏的任何一方讽刺和挖苦。

交谈时注意与对方保持适当的距离

交谈不注意距离，就可能无法成功。

距离关系一般的人太近，对方会感到受到威胁；与异性交谈时距离太近，对方会感到不安。亲朋好友距离太远，对方会疑心你对其不满或有事相瞒；领导与下属谈话时距离太近，有损领导威严，在别人看来也超越了上下级的关系。集体开会时距离太近，不利于大家集中注意力谈论正题；距离太远，又有逃避责任的嫌疑。

温馨提示
·一般关系的交谈或与不熟悉的人交谈，应该保持社交距离。
·如果关系比较亲密，可以将彼此距离保持在1米或半米以内。

听别人讲话时身体不可后仰

听别人说话时身体后仰，这样做是错误的。

身体后仰的姿势显得无精打采，更谈不上优雅，谁见到这样的姿势也不会感到愉快。身体后仰，必然使自己与说话者的距离拉得更远，显得傲慢，同时也给人以"不想听""不屑于听"的印象。身体后仰又暗示出你对别人所说的话不感兴趣，对方会认为自己的话有问题，再说下去，可能会紧张或不自然。如果对方停止讲话，听话者会认为说话者对自己不感兴趣，双方的误解也就由此产生了。

温馨提示
·听别人讲话时身体应该稍稍前倾。

· 听别人讲话时身体不要歪斜。

· 听别人讲话时姿势要挺拔、端正。

说话切忌总以"我"字开头

说话处处以"我"字开头，绝不是自信的最好表现。

习惯于用"我"字开头是唯我独尊的表现，显得过于张扬、自大。人们都不太欢迎以自我为中心的人，处处以"我"字开头，会显得目光短浅、视野狭窄。如果你向别人提建议，说不定别人会认为你不会讲出什么有用的话，从而对你不屑一顾。

如果你经常以"我"字开头说话，则最好改变这种习惯。

温馨提示

· 不应时时处处以自我为中心。

· 和别人说话时不应只谈自己，而应主动关心别人。

· 代表集体讲话时，应该经常性使用"我们""大家"等代表性人称代词。

切忌把口头禅挂嘴边

口头禅挂嘴边，不是好习惯。

开头总说"也许"，结尾总说"是吧"，会让人觉得没有主见；"有没有搞错"之类的口头禅常挂嘴边，会让人觉得自大而且庸俗；"啧啧""哎哟"等大惊小怪的时候才用的词语常挂嘴边，会让人觉得虚伪而刻薄；"你必须""听我的"等带有强制色彩的口头禅常挂嘴边，会让人觉得控制欲强，我行我素。

口头禅虽然是无意识地脱口而出，却容易引起别人的误解和反感，是很不礼貌的。

温馨提示

·平时说话应避免脏字和无意义的词语。

·说话要连贯、顺畅，不应使用过多的"嗯""啊"等连缀词语。

·不要使用太多的关联词语，如"接下来""然后""那么"等。

开玩笑要注意内容是否适宜

别人头发掉了一半，你偏偏在对方面前讲嘲笑秃子的笑话，无疑是在影射对方；别人的衣服不小心被划破了，你偏偏经常拿这件事在众人面前开玩笑，无疑是在揭对方的丑；别人考试失利，正在愁闷中，你却当众宣讲书呆子的笑话，无疑是想让对方更郁闷。

虽然很多时候人们开玩笑都是无心的，却没注意到玩笑的内容触动了某些人或某个人的"心病"，被你无意中冒犯的人自然会对你心怀不满。

温馨提示

·不要以别人的生理缺陷为笑料。

·不要拿别人的隐私开玩笑。

·不要拿别人的伤心事和尴尬事开玩笑。

注视别人时目光要在一定的范围之内

注视别人时，不是对方的任何部位都能随便看的。

注视别人时，只将目光投射在对方眼睛以外的部位，从不与对方目光相触，是内心怯懦或心里有鬼的表现；对着别人周身上下扫描不停，是不信任对方的表现，还容易被对方认为你想打探他的隐私；专向别人的某个部位注视，则是骚扰的表现。

温馨提示

·一般关系的交谈者之间应保持两米左右的距离。

·交谈时，目光应放在对方胸部以上，双眉之间、双眼之间，嘴唇以上的部位。

·不要居高临下地注视别人，不要斜视别人。

切忌不加掩饰地注视别人

不加掩饰地注视，就是死盯着别人看，是一种令人讨厌的行为。

不加掩饰地注视别人会让你看起来形态猥琐，有失仪态。不加掩饰地注视别人会给对方带来心理压力，不利于交往的顺利进行。不加掩饰地注视别人会让对方认为你别有用心，有恶意企图或阴暗心理，别人会不乐意和你接近并交谈。

温馨提示

·看别人时，应该使自己的目光有所控制和收敛。

·如果交谈者众多，不要只盯着一个人看。

·不要注视别人身体的某些部位，如女性的胸部、男性的腰部。

与人交谈时不可用目光瞟人

与人交谈时用目光瞟人是一种很不好的行为习惯。

与陌生人交谈时用目光瞟人，有不信任对方、看不起对方之嫌；与异性交谈时用目光瞟人，有心怀不轨之嫌；与熟人交谈时用目光瞟人，有不耐烦、希望尽快结束谈话之嫌。与人交谈时用目光瞟人，还有不自信、心里有事、心里有鬼之嫌。

温馨提示
· 与别人交谈时，目光不要游移不定，也不要迅速回避别人的注视。
· 与人交谈时，目光应适时与别人对视。
· 不要把目光投向空中、地上或交谈对象的身后。

对他人的主动交谈要积极回应

当别人主动和你交谈时，无动于衷是不礼貌的。

别人主动与你交谈是一种积极友好的表现，在社交场合尤其如此。对他人的主动无动于衷，一种原因是你对主动交谈者不屑一顾，另一种原因是你生性怯懦或多疑，不敢和陌生人交谈。无论什么原因，不回应别人的主动交谈都会使对方进退两难，遭遇尴尬。

温馨提示
· 对于别人善意的主动搭话一定要积极回应。
· 如果你不想和主动交谈者进一步交流，应礼貌地找理由离开。

·遇到他人主动交谈，应礼貌地向对方问候、寒暄。

切忌询问对方"我刚刚说到哪里"

询问对方"我刚刚说到哪里"的人是很容易让别人失望和厌恶的。

问这句话的人多半是说话中途去做其他事情或想起其他事情，而后接着与别人交谈。自己说过什么、说到哪里都不记得，可见他注意力不集中。听他说话的人可能想：记不住自己说到哪里，是因为他根本就没用心和我对话，敷衍我而已；询问这句话还可能给听话者以这样的感觉：他在检验我是否用心听他讲话，他不信任我。

温馨提示
·与别人交谈时一定要认真聆听对方的讲话。
·对于自己不感兴趣的话题可以主动、自然地转换，但不应贸然打断。
·与别人交谈时自己的语言要有逻辑，组织要有条理。

说话声音要温和

说话声音刺耳也是不礼貌的。

说话声音刺耳的人会让别人觉得不够沉稳可靠。如果你批评别人时声音刺耳，就有讽刺之嫌，也会被对方误解为刻薄尖酸、得理不饶人；如果你向别人解释原因或为自己的过失进行辩解时声音刺耳，对方会认为你不服气，有狡辩和强词夺理的嫌疑。另外，说话声音刺耳还会使别人失去与你谈话的兴趣和耐心。

说话时，一定要注意自己的声音是否刺耳。

切忌揭别人的伤疤

揭别人伤疤的行为不但错误，而且可恶。

揭别人的伤疤会让对方不得不面对已经淡忘的痛苦，同时忍受其他人异样的眼光。揭别人伤疤，在伤害对方的同时，也无异于提醒对你了解不太深的人：不要和你交往。揭别人伤疤的人会失去对方的信任，自然也不会赢得朋友。

闲谈、讨论也好，辩论也好，都不要专揭别人的伤疤。

在谈话中不宜纠正别人的错误

在谈话中纠正别人的错误很容易让对方下不来台。

首先，每个人的知识水平和分析能力、经验阅历都不一样，因此各自的观点以及对某人某事的认识也不尽相同。有些时候，有些问题根本不能用是非的标准进行评判。其次，也许有的人在某个常识性问题上的确错了，但他是其他领域的专家，纠正他的错误等于是否定他的能力和地位。此外，有些错误的记忆和认识在说话人看来是正确的，别人再纠正也不会动摇其固有的认知，反而会伤彼此的和气。

温馨提示

· 对非原则性口误、无关紧要的常识性错误，不要纠正。

· 纠正别人的错误应该在私下场合，并使用委婉的语言和语气。

尊重他人的意见

质问他人意见的可靠性，其实就是否定他人的意见。

质问他人意见的可靠性，对权威性人物来说是挑衅和侮辱，对胜券在握而又急于表现自己的人来说是打击和贬低，对胆小谨慎而又顾虑重重的人来说是威胁和扼杀，对一些急性子的人来说是抬杠、吵架。质问他人做法是否妥当、想法是否正确、记忆是否准确是失礼的表现。

温馨提示

· 与人谈话时要认真聆听，不应随意质疑，认真听是最好的礼貌。

·询问对方时态度要端正、尊重、认真。

·向别人征求意见时应该信任对方。

切忌在谈话中扮演"祥林嫂"

无论是做工作中的"祥林嫂",还是做日常生活中的"祥林嫂",都会令人生厌。

偶尔说说烦心事,别人会耐心听你倾诉一番,并同情地为你出主意,但是说多了就变成了无理取闹,是浪费别人的时间和感情。做"祥林嫂"还会使整个谈话氛围变得压抑、紧张,影响别人的心情甚至降低工作效率。

温馨提示

·不要总是向别人讲自己的伤心往事。

·不要向别人讲述谈过很多遍的家庭琐事。

·不要总是扮演倾诉者的角色。

聚会时不宜用方言与同乡交谈

聚会时用方言与同乡交谈可能让别人感到不适。

聚会时用方言与同乡交谈,一方面会让人觉得你有小团体主义,另一方面让人怀疑你利用方言谈论对别人不好的话。聚会时用方言与同乡交谈,让别人有受到排斥的感觉。

无论从沟通的角度还是从礼仪的角度而言,聚会时用方言与同乡交谈都是不妥当的。

温馨提示 ....

·聚会时应该使用通用的语言，如普通话或英语等。

·与同乡谈话时不应压低声音，神态诡异。

·聚会时不应总是与同乡谈话。

与多人谈话时切忌当众叫朋友的小名

朋友的小名不是什么时候都能叫的，更不是当着什么人的面都能叫的。

如果朋友的小名无法登大雅之堂，如"狗子""二秃"之类的字眼，当众叫其小名显然是哗众取宠，让朋友出丑。如果朋友的小名是他某位亲人专用的昵称，当众叫出必然是对他权利的侵犯，也等于向别人暴露朋友的"小秘密"。如果朋友根本就不希望别人知道他的小名，当众公布则是对朋友的侮辱。如果你想向别人表示你和朋友关系亲密，用当众叫对方小名的方式会显得很不礼貌。

温馨提示 ....

·与多人谈话时，应考虑到彼此之间的关系和所处的场合。

·无论朋友的小名是否动听，都不能当着别人的面随便叫。

·想叫小名之前必须征得朋友的同意。

不要强行加入别人的讨论

强行加入别人的讨论，就像强行侵入别人的领地一样不但不礼貌，而且惹人讨厌。

未经允许加入别人的讨论，会打乱对方的思路，扰乱对方的心情，甚至迫使对方中断正在谈论的话题。如果别人正在谈不便公开的事情，强行加入别人的讨论就是打探对方的秘密。如果别人谈的是专业话题或工作内容，你不懂而强行加入，是无理取闹。

强行加入别人的讨论还是一种急于表现自己的浅薄行为，懂得自爱和尊重别人的人不应这样做。

温馨提示
·想加入别人的讨论应事先征得同意。
·应在对方讨论告一段落时再进行询问。
·询问对方时要恭敬、礼貌。

不可贸然加入异性的谈话圈

不要以为贸然加入异性谈话圈是活泼、善于交际的表现。

同性之间通常会有特定的话题，异性之间则不同。贸然加入异性的谈话圈，会给异性圈子交谈带来不便，对方又不好拒绝贸然加入的异性，双方都难免尴尬。

温馨提示
·单独一个人时，不要加入异性的谈话圈。

·加入异性谈话圈时，应该先确定对方的话题是否属于大众性的。

·不要偷听异性谈话圈的话题。

交谈过程中离开前要打招呼

交谈期间无故离开是不礼貌的。

交谈时突然离开而不打招呼，会让别人误以为他们说了什么得罪你的话或做了其他不合适的举动，妨碍了你，也会让其他人误认为你不屑于参加他们的交谈。与长辈交谈过程中突然不打招呼就离开，是明显的不敬；即使面对晚辈和陌生人，毫无征兆地突然离开也会让人感到莫名其妙。

温馨提示

·交谈过程中需要离开时应向众人打招呼。

·交谈过程中不要突兀地终止话题。

·交谈过程中不要做跺脚、背手等让人以为你已经不耐烦的动作。

与人交谈时既要说也要倾听

只管说不管听的人是不受欢迎的。

只说不听的老师不能领会学生真正需要什么，只说不听的领导不能真正合理地领导员工，只说不听的员工永远无法受到他人的尊敬。只说不听，就不能知道别人对你话语的反应如何，也不能知道你说话的效果如何。回到礼仪上来，只说不听本就是不把其他人当回事、以自我为中心的表现。即使你说的话很有道理，也无法得到别人的尊敬。

温馨提示
·说话时应注意听者的反应。

·别人说话时应表示愿意聆听。

·谈话时应主动邀请别人表达看法和提出新的话题。

劝说他人要看时机

劝说他人不看时机，即使你的劝解能力再强，也难达到预期效果。

如果别人经过长期考虑后已经打定主意，并且下定决心，你上前劝说，对方一定置若罔闻；如果别人情绪高涨，完全听不进任何人的言语，你上前劝说，对方也许更加坚持自己的意见；如果对方周围有很多亲信支持他，你上前劝说，就是不给大多数人面子；如果别人事务缠身，你上前劝说，对方会因为无暇顾及而听不进去。

因此，劝说他人一定要看准时机才算礼貌。

温馨提示
·应该选择在他人心平气和的时候进行劝说。

·应该在单独相处的情况下进行劝说。

·应该在别人有时间的时候进行劝说。

懂得适时保持沉默

别人都在专心听某人发言，你却在下面用大家都能听到的声音对某人做出评论，让人感觉你浮躁无礼；别人正围在一起商讨解决方案，听到只言片语的你贸然开口，让人感觉你有失礼仪；老师让大家在几分钟内认真思考，你偏偏转头和旁边的人说话，旁边的人会认为你打扰他的思路，老师会认为你目无师长，大家会认为你不遵守纪律。

温馨提示

·交谈过程中应该懂得倾听和思考。

·别人发表意见时应该专注地听。

·别人交谈时应保持礼貌的沉默。

非专业场合慎用专业术语

每个行业都有其专业术语，但在非专业领域的场合，与对自己行业所知甚少的人交谈时，需要慎用专业术语。

内行人士在外行人士面前故意使用专业术语，使人觉得学究气浓，不易融入大众；不同行业的人士相互交谈时各自故意使用专业术语，有拒绝与对方交往和卖弄学问、抬杠赌气之嫌；经销商与客户商谈时故意使用专业术语，难免让对方有上当受骗的担忧。

温馨提示

·谈话时应避免卖弄学识。

·谈话时遇到别人听不懂的名词和术语，应该用通俗的、别人能够听明白的说法进行解释。

·谈话时不要故作高深、故弄玄虚。

批评别人时切忌有指桑骂槐之嫌

批评一个人，不该把矛头同时指向其他人。

无论是当面借批评甲来指责乙，还是背后如此；无论是针对个人还是集体，指桑骂槐都是令人厌恶的。如果你无意间给别人留下指桑骂槐的印象，误解你的可就不只是一个人了。明明是批评张三，李四却感觉你是在说他；明明是在说王五这件事做得不对，赵六却觉得你是在说他做的事不妥。

批评别人时让人觉得你在指桑骂槐，别人会认为你城府太深，从而不愿与你坦诚相交。

温馨提示

·说话时不要借题发挥。

·不要在别人面前提其他人犯过的类似的错误。

·批评某个人或某件事都要就事论事，不应牵扯其他人和事。

说话要注意场合

说话不注意场合的人，说明他不懂得说话礼仪。

在别人的婚礼上评论"新娘个子太矮"，新人们以及其他宾客一定感到很扫兴；在别人的寿筵上询问主人顽疾是否治好，肯定会引起别人的批评；在葬礼上大开玩笑，别人一定会认为你故意捣乱。

说话不注意场合很容易使别人不快，引起别人心理上的不适和厌烦，甚至引起争执，导致自己与别人关系破裂。说话之前，一定要先想想"这样的场合应该说什么"。

温馨提示

·在不同的场合，说话应注意内容和要点。

·在不同的场合，说话的态度和方式应有所变化。

·不同的场合应该谈论不同的话题。

恭维别人不可露骨

刻意恭维别人，就是我们俗称的"溜须拍马"。每个人都希望得到别人的肯定，希望得到别人的夸奖。但"恭维"与"赞美"是完全不同的概念，其结果也会大不相同。刻意恭维人品正直的人，对方会觉得你人品低劣；刻意恭维自己需要的人，对方会对你产生警惕；刻意恭维熟悉的人，对方会怀疑你做了什么亏心事。

刻意恭维别人显得虚伪、卑躬屈膝，会惹人讨厌，还不如简简单单地说话，实事求是地评价，或不评价。

温馨提示

·对待别人应该一视同仁，不分贵贱高低。

·待人接物态度应大方自如，避免点头哈腰和谨小慎微。

·说话应实事求是，不过分地说"好话"。

对自己不懂的事情不随便发表意见

任意对自己不懂的事情发表意见，很容易说错话。

如果自己的经验只限于道听途说，为凑热闹而对自己不了解的事情发表意见，容易因为断章取义而令人误解；如果自己无权对某事提出建议，随便发表意见就是越权行事；如果别人需要独自思索，自己任意对其发表意见，就是喧宾夺主；如果事实已成定论，自己不分青红皂白随便发表意见，就会显得知识有限。有时随便发表意见，还会有颠倒黑白的嫌疑。

随便对一件事情发表意见，会暴露你的莽撞和浅薄，并且让别人感到不受尊重。

温馨提示

· 对于自己不了解的事情和不在自己职责范围之内的事情不要随便发表意见。

· 不宜发表意见的事情不要发表意见。

· 容易引起别人误解的问题不要发表意见。

切忌轻易许诺

做出许诺前一定要深思熟虑。

朋友让你帮他买东西或别人请你去某地旅游时顺便捎东西给他，你不考虑自己是否方便就一口答应，结果没有做到；别人请你托熟人介绍工作，你不考虑自己的能力就意气用事地答应下来，结果你根本没有能力帮对方办事。如此轻易许诺的结果必然是导致别人对你的失望和抱怨，更不要说信任了。

许诺事关人品和别人的信赖，千万不能随便应承。

温馨提示 ···

·自己做不到的事情不要许诺。

·自己不想做的事情不要许诺。

·违法的事情、危害他人利益的事情不要许诺。

第三章

20 几岁要懂得的职场礼仪

进入面试场所时要敲门

进入面试场所时不敲门，不是礼貌之举。

是否懂得尊重人，是否懂得如何尊重人，也是面试的重要考察内容。进入面试场所不敲门，首先就会给招聘方一个莽撞无知的印象。俗话说"先入为主"，不佳的印象自然会影响到对方对你的评价。进入面试场所不敲门，还会让对方认为你急于求成、不够沉稳和成熟。如果招聘者正在抓紧时间认真准备，而房门又紧闭着，不敲门就进入面试场所会让招聘方有受惊之感。

温馨提示

· 进入面试场所时，如果房门敞开，应首先向室内的人点头致意。

· 进入面试场所时，如果房门紧闭，应有节奏、有力度地在门上轻敲两三下。

· 如果房门虚掩，也要在门上有节奏地轻敲两三下。

善于打破沉默

面试时不善于打破沉默对应聘者是不利的，也是不礼貌的。

有时因为面试官故意试探，有时因为面试官正在寻找合适的话题或词语，面试过程中出现短暂的沉默是很常见的。不懂得打破沉默，可能表明你在沟通和应变方面还有提升的空间。更重要的是，沉默对于面试官而言是尴尬的，会让双方感到别扭。

说话速度要适度

参加面试时，说话速度过快或过慢都不会给你的表现加分。

说话速度太快，容易给人以慌张失措之感。如果面试接近尾声，语速过快会显得你急于结束面试。在面试者看来，这是不耐烦和没有诚意的表现。说话速度太慢，容易给人以傲慢无礼之感。如果一直这样，面试官会觉得你不尊重对方，并故意摆出老成持重的样子，同样显得虚伪、没有诚意。更主要的是，说话语速过慢给人以思维能力差、反应能力差的印象，这显然对应聘成功不利。

不对应聘单位妄加评论

不要对招聘单位妄加评论。

很多招聘单位会在面试中提出类似的问题："你觉得我们单位如何？""你可以从你所见所闻对我们单位提出建议吗？"别因为面试官表情殷切、态度和蔼、眼神中充满期待就认为这是你表现自己的大好时机，从而妄加评论。招聘方所有的问题都是本着尽可能全面地考察你的目的来设置的，他们想知道的是你的思维能力、应变能力和做事态度等，答案并不太重要。但是，如果你的答案太"个性"，就会犯错。对招聘单位妄加评论，说明你狂妄自大、自制力差、经不起诱惑，同时说明你忘记了最基本的礼仪——尊重。

温馨提示

·评论招聘单位时，态度应诚恳而谦虚、谨慎。

·对于自己不了解的地方不要妄加评论。

·对于自己难以判断的、有争议的地方，不要妄加评论。

切忌批评和诋毁原单位

有些人可能觉得批评自己工作过的单位，更能表明自己对招聘方的忠诚和渴望，这是完全错误的。

批评原单位工作压力大、工资低，抱怨老板脾气不好，同事不好相处、素质低，批评原单位管理不善、效率低下……这都是不对的。原单位对你进行过培养，给了你经验，招聘方更希望知道你从原单位学到了什么，而你此时离开原单位并诋毁它，那么你将来很可能再诋毁现在的单位。身为一名员工，不能对自己服务过的企业没有一点感谢之心，你的诋毁会让你的人品在面试官眼中"下滑"。

诋毁原单位就是诋毁你自己和所有的雇主，这是不礼貌的。

礼貌有始有终

有的应聘者顾头不顾尾，礼貌有始无终。这样做是不对的。

应聘时点头哈腰，一口一个"老师"，一口一个"先生"，面试结束后却判若两人，连招聘方的"再见"都不理会；进门时笑容满面，出门时却满面冰霜；礼貌恭敬地进门，却趾高气扬地出门。应聘者前后差距太大，会让人觉得表演意味太浓，之前的礼貌和热情都是装出来的。

在上司面前不可逞强

在上司面前耍小聪明、做手脚，宽厚的上司会不动声色，性急的上司则会立刻将你开除；在上司面前故作深沉、卖弄才学，会让对方觉得你不满自己的职位或待遇，意在取代其地位；在上司面前大量使用他不熟悉的名词，对方会觉得你有意为他设置障碍，有意让其尴尬。在上司面前逞强，对方还会认为你考虑事情和做事不周全，不懂得尊重领导，不懂得谦虚谨慎，非可塑之材。让上司感到不愉快，肯定是不礼貌的。

温馨提示

·不要刻意与上司发生争执与冲突。

·不要不经上司同意就自己做主决定某些事情。

·不要对上司使用轻视、不信任和嘲笑的口吻。

切忌越级请示领导

越级请示领导，在有些人看来是工作积极、办事及时、讲究高效且利于树立自身形象的行为，其实不是。

你做事前越过直接领导而请示高级领导，既会给高级领导增加工作量，又会使直接领导感到自己被忽视、被隐瞒。如果高级领导下查，难免给你的直接领导带来"失职"的麻烦。越级请示领导，别人会认为你和直接领导有个人恩怨，或者认为你有特殊目的。越级打乱了秩序和流程，本来就不合乎办公礼仪，再惹出一串麻烦，更是错上加错。

不可热衷于传播小道消息

小道消息是办公场所的暗流。如果热衷于传播此类消息，无论是
对工作还是对你的个人形象，都极为不利。

单位要裁员了，某些部门要改组撤并了，某位领导正在被司法机
关查处，某位同事家里出事了，某位女同事怀孕了，某位男同事有新
女友了……这些小道消息，有的无关痛痒，有的纯属胡编乱造，有的
则是人身诽谤。如果小道消息制造者的目的是伤害别人或搅乱大局，
传播它们就等于是煽风点火。常常传播小道消息的人，会给人留下人
品不好的印象，容易受到别人的鄙视和排挤。如果你传播小道消息而
使别人身陷困境，还可能触犯法律。

切忌在办公室谈论、评论别人的无能

在办公室谈论别人，评论别人如何无能，这么做永远都是不明智的。

当面谈论甲工作中出现的种种错误，必定让他在同事面前抬不起头，觉得自己受到了鄙夷和排斥；私下谈论乙的种种失误，如果传到乙的耳朵里，他一定会自觉地远离你；参与你话题的人，必然会在内心里认为你"站着说话不腰疼"，只看到别人的不足。

在办公室讨论别人的无能，对你、对别人都没有半点益处，反而可能导致办公室风气不良、人心不齐。这个结果必定是办公室礼仪规范所不允许出现的。

温馨提示

·如果某位同事的确能力上有所不足，应该礼貌而委婉地向其提出建议。

·如果无法向业务水平欠缺的同事提供帮助，就不要对他进行议论。

·不要当着同事的面对其进行谈论和评论，更不要背着他这样做。

切忌大肆批判公司制度

批判公司制度的人并不鲜见，如抱怨公司制度苛刻、没有人性、不公平、有漏洞，等等。

批判公司制度，首先是言行上对所在单位的不敬，当然也表露了内心的不满。只在与同事闲聊时批判，有蛊惑人心之嫌；只在受到批评时批判，有发泄私愤之嫌；只向不如自己的人批判，有变相自夸之嫌；只在背后批判，有造谣生事之嫌。

与异性同事交往不可过密

与同一办公室的异性同事交往过密，你会吸引其他同事的过多好奇而不友善的目光；与其他办公室的异性同事交往过密，别人会觉得你无心再在现在的办公室待下去；与异性上司交往过密，别人会认为你别有用心。无论与你关系密切的异性是什么身份，都对你的事业和生活不利，对良好、和谐的办公室社交不利。与异性同事交往过密的直接结果就是传出绯闻、影响名誉。

注意自己在异性面前的身体语言

不注意自己在异性面前的身体语言，往往会引来很糟糕的结果。

不经意地靠近异性同事，让对方能很近地感觉到你的呼吸，闻到你身上的气息；用暧昧的眼神瞟视异性同事；习惯性地用手轻拍异性的肩膀或手臂……许多身体语言不经意中传达给别人暗示性的信息，从而很容易引发别人的言语挑逗或行为上的冒犯。不注意自己在异性面前的身体语言，会给所有的同事留下轻浮、散漫的印象，大家会认为你"不是工作的料"。不注意自己在异性面前的身体语言，容易干扰别人工作。如果迎接访客或外出访问时仍然如此，必定会令别人怀疑你所在单位的风气和业务水平。

温馨提示

·男性在女性面前应避免解开衣扣、拍对方肩背的动作。

·在异性面前，不要习惯性做出打打闹闹的动作。

接受任务时不可嘀嘀咕咕

接受任务时嘀嘀咕咕，看起来无关紧要，其实有违礼仪。

接受任务时嘀咕，"又让我做""又做这种事情""可恶"，恐怕这些话在员工口中是最常见的。嘀嘀咕咕，说明你心存不满，或者怀疑自己能力。嘀咕声音越含糊，别人就会越疑心，从而对你产生不安全感和不信任感。无论你如何看待自己的任务，不能礼貌地接受或者不能礼貌地提出异议都是违背礼仪原则的。

不可将重要任务一口回绝

上级将一项重要任务托付给你，你本可以承担，却一口回绝；同事临时有事，将一项重要任务转托给你，当然将功劳也一并给你，你完全有时间也有能力去做，却一口回绝；别人怀着很大希望请你完成一项重要任务，你确定自己做不了，就一口回绝。

一口回绝重要任务，容易让托付者失望，对彼此间关系的发展和对方对你的印象都没有好处；这样做容易让别人误认为你傲慢、懒惰或者害怕承担责任，以后即使再有类似的任务，对方也不会交给你。因为你辜负了对方的信任，以及对方的"面子"。

要懂得适当求助别人

从不向别人求助，你是否觉得这样的人在单位里才有威信，才称得上是实力派？这样的员工不会给别人带来麻烦，就肯定是最受尊敬的员工吗？不一定。

职场新人不懂得在工作上适当求助"前辈"，有腼腆自卑或自大狂妄之嫌；普通员工不懂得在工作上或情绪低落时向同事求助，有"冷血"或"自作自受"之嫌；上级不懂得在工作上和日常小节上向下属或同事求助，有"不近人情"之嫌。适当向别人求助，并非暴露自己弱点的表现，而是因为不如此就难以更有效地贴近别人，从而更好地理解别人、与别人建立良好的关系，以及更好地在工作上进行合作。

温馨提示

· 不要在自己做不好的事情上一味下蛮力。
· 当自己有困难时，应主动、及时地向同事或领导请教。
· 当自己的确没有别人做得好时，不要拒绝让同事插手。

不为流言所动

面对流言失态有损礼仪之美。

面对流言失态，别有用心的人会大肆宣扬你的反应，并为之兴奋；面对流言失态，不明真相的人会认为你是因为丑事暴露而感到难为情；面对流言失态，有损自己的尊严和形象。无论是愤怒、悲伤还是破口大骂，都会让你仪态尽失。面对流言失态，还可能误会善意的人们，让他们产生误解和失望。

不在办公室里吃有刺激性味道的食物

在办公室里吃有刺激性气味的食物是令人头疼的做法。

办公室是工作的场所，空间有限，刺激性食物的气味会停留在空气中，也会从吃过的人口腔中散发出来，很难短时间内消除。在多人办公室里吃刺激性食物，会给别人带来不愉快；在独自使用的办公室里吃刺激性食物，如果有人来访，也会给对方带来不愉快。洋溢着刺激性食物怪味的办公室，会给人一种居家的错觉，不利于营造良好的工作氛围。如果恰好有人前来参观或检查，这样的办公室必定是不合格的。

为了营造一个良好的办公环境和做一个令他人感到愉悦的职场人，不要在办公室里吃刺激性食物。

对同事的零食应接受

拒绝同事的零食是不礼貌的。

礼仪规范要求我们，要为他人考虑，要懂得站在他人的角度想问题。拒绝同事的零食就是拒绝同事的热情和真诚；拒绝同事的零食，就是间接对同事健康和卫生状况的怀疑。如果对方是职场新人，遭到同事的拒绝会感到沮丧；如果对方是出于庆祝的目的，拒绝对方的零食就是拒绝向对方表示祝福。

温馨提示

·非工作时间，同事递给你零食时，应坦然接受。

·当同事向大家分发零食时，你应该礼貌地接受并表示感谢。

·如果你由于身体原因不能吃某些零食，拒绝同事时应说明原因并致歉和道谢。

分清工作关系与私交

工作关系是不能与私交混为一谈的。

因为自己和某人私交甚好，就请对方帮自己搪塞领导，以便出去办私事，这等于是给同事制造风险；因为自己与某人是大学同学，就处处让对方帮自己处理琐碎工作，这等于是给对方增加工作量；因为工作中同事与自己的合作出了差错，就在私下与其结仇，这等于是将工作上的失误转嫁到私人关系上。将工作关系与私交混为一谈，工作和私交都会受到不良影响；将工作与私交混为一谈，你的人品和工作能力就会遭到质疑。

谦虚有度

总是保持谦虚态度的人未必招人喜欢。

明明是佼佼者，却过分自谦，这种态度似乎有贬低他人智慧之嫌；别人请你谈成功经验，你却百般推辞，别人会认为你自私，不愿向他人传授经验；大家都知道你是某方面的专业人士，做事时你却不动声色地退后，这么做有悖于团结协作的精神。

总是保持谦虚的人会被认为很自负，过度的谦虚等于骄傲，太过谦虚让人觉得虚伪做作。该表现的时候却做出谦虚模样，这是不礼貌的做法。

不做事后诸葛亮

大家策划活动的时候不参与，等活动结束了，出现问题了，你却像个指挥家一样滔滔不绝地告诉大家哪里没有做好；别人开会时你不发言，等会议结束后，你却私下里不停地提意见，且头头是道；别人遇到困难时你不帮助，别人失败后你却大言不惭地指点对方应该向谁求助。这样的人是事后诸葛亮，令人讨厌。

做事后诸葛亮，你说得越有道理，你在别人眼里就越无情、越懒惰，别人会认为你故意等着看别人失策、失败的结果。做事后诸葛亮于事无补，反而让别人平添烦恼。

温馨提示

·即使别人做错了事，也不要在事后无休止地指责。

·如果你在别人做事的时候没有参与，就不要等他失败以后再向他提适合当时情况的建议。

·别人做事失误后，应根据他的情况进行安慰而不是冷嘲热讽。

和同事打成一片

不要在职场上做故作姿态、特立独行的人。

在工作中特立独行，只能向别人宣告你不善于社交、不得人心。在讲究团队协作精神的职场故作姿态只会耽误时间，给工作带来阻力。职场不是自我表现的最佳场所，也不是行为艺术的舞台。故意表现得与众不同，也许你是想让自己表现特别出众，但事实却适得其反。故作姿态、特立独行，在别人看来是自我推崇和对其他人的轻蔑，更谈不上礼貌。

切忌表现出"怀才不遇"的样子

在职场上，处处表现得怀才不遇不会有很好的结果。

领导训话时做出怀才不遇的样子，对方会觉得你不服气、听不
进去、挑衅领导；同事取得成绩时表现得怀才不遇，别人会认为你嫉
妒那位同事，心胸狭窄；自己的意见或成绩未被承认时表现得怀才不
遇，别人会认为你自寻烦恼，找借口为自己的无能开脱。表现得怀才
不遇，说明你与同事交流不多，不知道如何调整自己的心态以及与同
事们和领导的关系。

表现得怀才不遇还会让人觉得你孤僻、冷漠，既不利于工作顺利
进行，也不利于让自己融入集体氛围。

以友好的态度帮助新同事开展工作

不少职场新人初入工作环境，容易遭到一些老员工的利用和役使。如果你是一名老员工，千万不要这样做。

对新同事颐指气使，会给本来就是生手的新人增添工作任务和心理负担；发懒让新同事帮你做事，你的工作可能会完成得更慢；在新同事面前摆老资格，显然会损害你在对方心目中的形象。在其他老同事眼中，你的做法也会令他们不齿。对新同事颐指气使是不尊重对方、侮辱对方、利用对方的表现。更何况，随着新同事的进步，你能确定他永远处于劣势吗？

温馨提示

·对待新同事态度要和气而礼貌。

·新同事不太适应工作环境时，应主动对其进行指点。

·自己能做的事不要利用新同事、指派给新同事。

尊重勤杂人员

不尊重勤杂人员的人难以得到别人真正的敬重。

刚刚还和悦、礼貌地和同事说话，见到勤杂人员就立即拉长脸，会显得见识狭窄、心机叵测。不尊重勤杂人员，说明你在意对方的身份和地位，说明你看不起身份、地位较低的人，看不起他的职业和工作。换句话说，你在别人看来善于见风使舵、欺软怕硬。不尊重勤杂人员，也说明你不懂得从人格上去尊重别人，不懂得尊重的真正含义。

尽量不打扰工作中的同事

打扰工作中的同事是很不礼貌的做法。

同事正在计算数据，你却上前要求他帮你拿一件物品，对方必定会被你打乱思维，从而影响手上的工作。同事正在专心写一篇材料，初到单位的你却不停向他询问一些老员工众所周知的事项，对方必然难以集中精力顺利完成他的工作。同事必须在规定时间内完成工作任务，你却一定要就某个工作上的问题和他进行一番讨论，对方一定会觉得你无聊而且可恶。

不在背后议论领导

背后议论领导的做法是错误的。

背后议论领导的衣着打扮，是无聊的表现；背后议论领导的私人生活，尤其是感情生活，是心理阴暗的表现；背后议论领导的为人和做事态度及方法，是自己对领导不满的表现；背后议论领导的工作能力，是轻视领导、自视过高的表现。背后议论领导，容易导致议论内容的广为传播，影响人心，同时也给他人打小报告制造机会。背后议论领导，说明你对领导不信任。在别人看来，你对任何人都不会信任。因此这样做也不利于同事关系的良好发展。

温馨提示

·员工在单位应避免与任何同事背后议论领导，避免在任何情况下背后议论领导。

·身为下属，应该站在领导的角度想问题，尽力理解领导的所作所为。

·当自己对领导有所不满时，应以礼貌的方式进行适当沟通，而非在背后与别人议论。

进出领导办公室要注意细节

进出领导办公室时不注意细节，很容易因此而造成失误，引起别人的误解。

报告紧急事件时，敲门后不等应答就推门而入，如果领导正在接待重要客人，场面多少会有些尴尬。进入领导办公室后，不看领导脸色和忙碌程度，放下文件后就一言不发地站着等候指示，如果领导暂时无暇回应你，这样做是在为难领导。出门时大力关门，发出巨大的响声，等于是在向领导示威，发泄不满。

·进领导办公室之前，应先轻声敲门，并确定领导是否在。

·进入领导办公室后，如果领导正在接待客人或接打电话，不
要多作停留。

·进门与出门时应当及时随手关门。

───────────────────────────────────

指正下属的错误宜在私下进行

当着他人的面指正下属的错误在很多人看来无可厚非，既让下属
受到了警示，又在他人面前展示了自己身为上级的威严。但这样想是
片面的。

当着外单位人的面指责下属，会给外单位的客人留下不好的印
象；当着本单位其他员工的面批评某个下属，被批者会觉得没有尊
严，旁观者会担心自己也受到这样的"待遇"；当着他人的面指正下
属的错误，给人以好为人师和爱出风头的印象。

无论下属错大错小，当着他人的面指正下属都是在向别人展示下
属的狼狈，显然称不上礼貌。上级这样做对下属是不尊重的，对自己
的形象塑造也没有好处。

温馨提示 ─────────────────────────

·应避免当众批评下属，甚至对其失误进行中伤。

·当下属犯错时，应尽量与之单独交谈，通过详细沟通解决
问题。

·发生当众指责下属的情况后，应酌情私下里向下属道歉。

───────────────────────────────────

不打小报告

打小报告的员工不仅会受到其他同事的厌恶，也会令上级不齿。

打小报告必然得时刻注意其他人的行踪和言行举止，自己的工作必然无法很好地完成。打小报告是分散人心的做法，如果同事知道你的所作所为，必定不会愿意再与你合作。如果你的上司生性正直，打小报告会让他怀疑你的人品和动机。相信同事、坦诚对待同事是办公室礼仪的重要准则，打小报告的做法完全是对这一准则的破坏。

温馨提示 ···

· 不要在背后向领导报告其他同事的不当行为。

· 不要做其他同事行踪和具体工作情况的监视者。

· 不要专门针对自己不喜欢、看不惯的同事打小报告。

···

不越级报告

越级报告的做法是不明智的。

领导有级别之分，通常各司其职、分工合作。越级报告首先是剥夺了级别较低的领导掌握事件情况和决断的权力；其次，越级报告给高级领导增添了工作负担，使其受到了不必要的打扰；再次，越级报告给人留下一种自视清高、看不起级别较低的领导、故意对其隐瞒工作情况、挑衅对方的印象；最后，越级报告破坏了一般情况下的工作制度和流程，有不遵守纪律或不熟悉工作环节的嫌疑。越级报告看似重视工作效率、做事果断，其实不一定能提高工作效率和工作质量。越级报告还容易引起各层领导之间的误解，延误工作进程，因此是不合礼仪的做法。

不可替领导做主

有陌生人拜访领导，身为秘书的你，不问领导是否愿意，不考虑
是否合适，就让其进入领导办公室，当时不希望有任何人打扰的领导
一定会觉得你不知道秘书的职责所在。领导外出办事，要求你记录每
天的工作情况并向其汇报进展情形，你自作主张地忽略你认为不重要
的地方，领导一定会觉得你玩忽职守。

替领导做主，一方面会让领导错过重要信息或重要人物，给领
导徒增无谓的负担，另一方面会给他人留下不负责任、滥用职权的印
象。最主要的是，盲目替领导做主是无视领导权威、轻视领导能力、
误解领导意图的做法，是对对方的不尊重。

要注意当众维护上司的权威

身为下属，不注意当众维护上司的权威是失当的。

在公众面前，当领导仪表上出现瑕疵，如鞋底上沾了显眼的纸片时，你不是委婉而不动声色地提醒，而是露出嘲笑的表情；陪同领导外出访问，领导在台上发言时，你不是仔细聆听而是昏昏欲睡。诸如此类的表现，都是对上司权威的亵渎。

不注意当众维护领导的权威，就是不重视你所在单位的形象，不重视你身为下属的职责，也是对自己形象的不负责任。

温馨提示

·不要当众指出领导的失误之处。

·领导在公共场合失误时，应及时而礼貌地为其适当掩饰。

·当有人对领导表示不敬时，应主动上前制止。

对上司要敢于提出意见

在任何单位供职，身为集体的一员都不应该对上司唯唯诺诺，该提意见的时候一声不吭。

唯唯诺诺是一种自卑、畏惧的表现，别人会认为你胆小怕事、办事犹豫、拖泥带水。设想一下，当别人像耗子见了猫一样战战兢兢地对待你，你是否会觉得别扭甚至生气呢？同样道理，上司面对这种态度时，当然也会感到不自在。唯唯诺诺地对待上司，对方会觉得你没有主见，甚至没有独立工作的能力。

在下级面前要以身作则

不能以身作则的领导是不合格的领导，也是不受欢迎和尊重的领导。

身为上级，行为举止乖张做作，穿衣打扮毫无领导做派，这会严重影响单位形象；身为上级，说话缺乏逻辑，做事拖拖拉拉、丢三落四，会严重影响他在员工心目中的形象和地位；身为上级，业务能力差，对待客户不认真，随便推卸责任，这会严重影响单位的风气和自身的威信；身为上级，言而无信，不能严格要求自己，这会严重影响单位的未来。

在下级面前不能以身作则，不仅是礼仪上的失误，更是对单位整个集体的不负责任。

不可私自将单位的资料带出

私自将单位的各种资料带出，无论什么原因，这种行为都是错误的。

私自将单位的资料带出，容易使资料暂时缺失而给其他需要使用的人带来不便，甚至耽误工作，造成损失。如果你身为资料保管人员而私自将资料带出单位，这是失职和欺瞒行为。如果你私自将资料带出单位而造成丢失、损坏、泄密等意外情况，这是对单位信息安全的不负责任，严重的有可能遭到单位的行政处分，甚至被追究刑事责任。

温馨提示
·应避免将保密的书籍、文件、U盘等各种资料带出单位。
·需要将资料带出单位时，应按相应规定登记上报。
·将单位资料带出后，不应私自拍照、复印、抄写等。
·带出资料后应妥善保管并进行备份，防止丢失。

不可让电话铃声响的时间过长

让电话铃声响的时间过长是不负责任的表现。

夫妻、恋人、朋友来电话时让电话铃一直响，对方会认为你不在乎他；窗口单位的电话铃声响的时间过长，来电者会认为你所在的单位名不副实；关系一般的人来电话，让电话一直响，对方会认为你对他不屑一顾；闹过矛盾的人来电话，让电话铃声响的时间过长，对方会认为你小心眼；如果对方是向你提供机会的招聘者、招商者，电话迟迟接不通会让对方失去耐心和好感。

接通电话后要问对方是否方便

接通电话后不问对方是否方便就自顾讲话，必然会造成"不方便"。

张三正在开会，你接通电话后不问对方是否方便就开始聊天，对方即使想回应你，也无法应答自如；王五正在上课，你接通电话后不问对方是否方便，对方就会耽误学生的时间，造成"教学事故"；对方是位正在准备为病人做手术的医生，你接通电话后不问是否方便，对方就容易分心，影响工作状态；对方正在接待客人，你不问对方是否方便，对方就不能很好地待客。

别人接你的电话表示他尊重你，但你接通电话后不问对方是否方便，就是对别人的不敬。打电话应该懂得为对方着想，这样于人于己才都方便。

错过电话后要及时回拨

错过电话不及时回拨，错过重要信息的同时往往也错过了对方的热情和坦诚，甚至错过机会。

新闻记者错过电话，也许会错过重要线索；医生错过电话，也许会延误病人的病情；演员错过电话，也许会错过重要角色。在工作岗位上错过电话，就是失职；在私人交往中错过电话，就是逃避。错过电话而不及时回拨，一定会错过更多信息。

温馨提示
· 别人打电话没有找到自己，得知消息后一定要回拨给对方。
· 如果别人传达给自己速回电话的消息，一定要按时回电。
· 如果不能及时回电给对方，一定要在回电时首先向对方道歉。

不可贸然替别人接电话

贸然替别人接电话不会被人认为是"热心肠"，反倒会给对方添乱。

甲约好在几点等恋人的电话，你贸然替甲接电话，来电者会认为甲故意不接电话，同时会怀疑你刺探隐私。如果你是甲的异性朋友，来电者可能会因为你接电话而产生误会。如果来电者谈的是工作上的问题，你贸然替别人接电话，非但解决不了问题，还可能让来电者认为电话主人不负责任。如果来电者的电话内容涉及机密，电话主人更会因为你的贸然代接而苦不堪言。

通话中要注意说话方式

通话时不注意说话方式，很容易影响通话效果。

与领导通话时大大咧咧，即使你电话里的内容很重要、很关键，也容易留给领导"办事不牢靠"的印象；和急性子的人通话时吞吞吐吐，对方耐心听完你啰唆后，必定已经火冒三丈，因为你已经给对方留下了效率低下的印象；和异性下属通话时不停地开玩笑，对方听你说话的同时，一定在心里悄悄打鼓，因为你已经给对方留下了轻浮的印象。

通话中要注意控制音量

通话中不注意控制音量的做法是行不通的。

在集体办公室里接打电话时音量过大，会影响同事们工作，也让对方听起来觉得"聒噪"；在较为安静的场所接打电话时声音过大，会有扰民之嫌；谈论私密话题时声音过大，会让周围的人感到尴尬，对自己的形象不利，对保护自己的隐私不利。同样道理，通话时声音太小，对方与你沟通就会困难，并怀疑你是"心虚"、说假话。

温馨提示

· 通话过程中音量应以对方能听清楚而不至于吵到周围的人为宜。

· 通话过程中不要突然放大音量，也不要突然压低声音。

· 通话时应注意自己的嘴与话筒的距离。

接电话的一方不宜提出中止通话的要求

接电话时主动提出中止通话是不对的。

如果对方是长辈或上级，接电话的一方主动要求中止通话，会给对方以不受尊重的感觉；如果对方是晚辈或下属，接电话者提出中断通话，对方会有受挫感。如果对方尚未说完想说的话，你提出中断通话会让对方觉得犹如骨鲠在喉。

温馨提示

· 接听电话时一定要仔细听对方讲话并听对方讲完。

· 接电话时应及时对对方做出回应。

· 如果对方说话啰唆或无聊，可以以适当的理由礼貌地提醒对方"时间不短了"。

不可突然挂电话

突然挂电话会让人丈二和尚摸不着头脑，莫名其妙之余感到生气。

别人找你倾诉苦恼，你突然挂断电话，对方会认为你厌烦而更为苦恼；下属找你汇报工作，你突然挂断电话，对方会认为你不满意而心存疑虑；别人向你咨询问题，你突然挂断电话，对方会认为你没有耐心或能力欠缺而失望。突然挂断电话让人觉得突兀而无法适应，对方会认为你使性子、乖戾而不通人情。

即使自己有再紧急的事情也不应该突然挂断电话。

温馨提示

·如果因为线路问题导致电话突然断掉，应该及时向对方道歉。

·挂电话前应该保证和对方沟通完毕并且已经说"再见"。

·挂电话时要注意动作幅度，不要让对方觉得太突然。

参观展会时要注意自己的公众形象

作为参观者参加展会时，如果觉得自己只代表自己，无须注意形象，那就大错特错了。

参观展会时旁若无人地与同伴喧哗，会影响他人的参观；参观展会时不注意避让，会妨碍他人的行动；参观展会时随处丢垃圾，会破坏展会场所的整洁，并给工作人员增添负担。如果在展会上随便把玩展品，却又不轻拿轻放、不放到原位，容易破坏展品，影响展位的宣传效果。

温馨提示 ....

·参观展会时，不要对展位和展品以及其他观众指指点点。

·参观展会时不要歪斜着走路。

·参观展会时不要长时间抓摸展品。

参加展览会时不可哄抢展品

参观展览会后，千万不要因为想要留一点"纪念"，或受到别人的怂恿、感染，就哄抢展品。

如果是外地厂商来本地做展览会，参观者参展后哄抢各展位的展品，本地政府和大众都会给被哄抢的厂商留下不良印象。哄抢展品，这是一种占便宜、抱有投机和侥幸心理的表现，是道德品质低下、自制力差的表现。如果你和别人结伴而行，唯独你这样做了，你的同伴必然会为你感到不齿。

温馨提示 ....

·参加展会时应遵守场内秩序。

·展会结束后，不应抱着占便宜的心态哄抢纪念品。

·参展单位发放纪念品时，应按照一定次序领取或接受。

不要坐在嘉宾席上嚼口香糖

有人说嚼口香糖可以消除紧张心理，让表情更自然、更放松，多嚼有好处。这话虽然有一点道理，但如果你身为嘉宾出席各种仪式、典礼等活动，在嘉宾席上嚼口香糖是不对的。

在嘉宾席上嚼口香糖，一方面会让人觉得嘉宾对活动举办者"有意见"，另一方面会让人觉得嘉宾不端庄、不稳重，对普通参加者不尊重。在嘉宾席上嚼口香糖，会显得过于自我。而且，嚼着口香糖说话也容易影响发言效果。

别人发言时不可小声嘀咕

别人在台上发表对某个问题的看法，你在台下一边小声嘟囔一边做出古怪表情；别人在台上公布获奖名单，你在台下不停与旁边的人嘀咕；别人在做分析报告，你在台下向前后左右讲八卦新闻。这样做不礼貌。

别人发言时小声嘀咕，首先有对发言者表示不满和抗议、诽谤之嫌；其次是容易影响会场秩序，甚至带动其他人嘀咕；再次，会影响你的公众形象。不该说话的时候说话，容易令人产生疑心和反感。

·别人发言时不要小声讲与会议无关的事情。

参加社交聚会时不可原地不动

参加社交聚会时，别人都在积极、热情地与别人交谈，结识新朋友，你却独自待在角落里不言不语；在社交聚会上，你虽然也与别人交谈，却自始至终站在原地。这种表现是不受欢迎的。

参加社交聚会时原地不动，别人会想：这人不是心高气傲、不愿与别人交往，就是不知道怎么与别人打交道。并且，你这样做还会让你成为社交聚会上负面的焦点，无疑是给自己贴上了"不擅交际"的标签。

温馨提示
·参加社交聚会时应主动四处走动并与别人交谈。
·参加社交聚会时应热情、礼貌地对待别人。
·在社交聚会上应避免独自表现得郁郁寡欢。

切忌在社交聚会上扎堆

在社交聚会上看到哪里人多就往哪里钻，或者专门聚集好多人在一起扎堆。这种做法不可取。

在社交聚会上扎堆，给人的感觉像是街头巷尾的闲人议论别人的是非，容易引起他人误解，也令你显得好事、缺乏修养。此外，这样做给人以此次社交聚会格调不高的印象，大家因此而难免降低彼此交流的热情。

· 参加社交聚会时，不要专向人多的地方凑。

· 参加社交聚会时，应避免几个熟人在一起长时间热烈交谈。

· 在社交聚会上，可以变换交谈对象，并将人数控制在三四个以内。

商务谈话时不可常作补充、质疑

商务谈话中不要时常作补充或质疑。

如果针对商务谈话中对方说出的观点或意见，你总是"很及时"地进行补充，对方会认为你轻视对方而热衷于炫耀自己。你的合作伙伴刚刚提出一点建议，你就表示出怀疑，追问对方可靠性和可行性，对方会认为你怀疑他的经验和为人，也可能会认为你故作姿态，或者认为你根本就是无知、胆小、没见过世面。

商务谈话中时常作补充或质疑，一方面会引起双方交流的不畅，另一方面会影响双方对彼此的印象，此外还会拖延时间、降低效率。

温馨提示 ....

· 商务谈话中最好不对对方的话作补充。

· 商务谈话中不要怀疑对方所说的话。

· 商务谈话中要本着平等、开放的心态进行交流。

做业务介绍时切忌诋毁竞争对手

做业务介绍时，诋毁竞争对手可能招致不良后果。

向客户推荐甲公司的产品时把乙公司贬得一文不值，但恰恰客户就是乙公司的忠实用户，你的做法只能让客户对你产生严重的不信任；在专柜向顾客介绍某品牌化妆品时大肆贬低其他品牌，但被贬低的品牌就在你所在专柜的旁边，难保对方的负责人不会过来与你争辩。做业务介绍时贬低竞争对手，你会给对方留下恶意竞争的印象；此外，这样做容易使人产生"王婆卖瓜，自卖自夸"的怀疑。贬低竞争对手，更多的时候起到的是相反的作用，诋毁了对手却又难以为自己取得口碑，这样的做法不是明智之举。

温馨提示

·做业务介绍时应避免对竞争对手进行恶意贬低。
·做业务介绍时应避免对自己的业务过分吹捧。
·做业务介绍时应避免不顾对方的感受紧追不舍。

行进中的位次要有讲究

陪同来宾走平地、上楼梯等，位次的问题不能忽略不计。

几个接待人员与一位来宾并排行走时把对方挤在外侧；一个接待人员陪同一位来宾时将其甩在自己身后；一个接待人员陪同几位来宾时，不懂得根据来宾的身份、地位以及他们彼此间的关系进行位次排列……这些都是不讲究行进位次的表现。

行进中的位次不讲究，容易让来宾误解，同时暴露出接待方准备不充分、不注意细节的弊病。如果是商务性考察，对方会怀疑接待方乃至当地人们的素质。

避免挡住电梯按钮

乘电梯时挡住电梯按钮是不礼貌的行为。

乘有人驾驶的电梯时挡住电梯按钮，操作人员就无法方便地控制电梯按钮，这样做是干扰对方工作；与陌生人同乘电梯时挡住按钮，别人就无法及时控制电梯，或者无法看清已经到达的楼层数，因而易耽误其顺利到达目的楼层。

乘电梯时应保持安静

乘电梯时不应该喋喋不休地说话。

电梯的空间本来就狭小，在电梯里说话，难免会将唾沫星子溅到别人脸上，将自己口腔中的不洁气息传到别人鼻子里。当别人受到你的干扰时，心情一定是烦乱的。乘电梯时说话，还会使其他人深受聒噪之害。乘电梯时与恋人大讲情话，别人就会觉得尴尬；在电梯里与同事谈论办公室八卦，说不定会无意间泄露单位机密；在电梯里与别人谈论私人感情，别人会向你们投来诧异和鄙视的目光。

温馨提示
·乘电梯时不要与身边的人贴得太近。
·乘电梯时不要与同伴谈论隐私以及单位情况。
·乘电梯时不要与陌生人搭讪。

不可并排站扶梯

乘坐商场、地铁中的扶梯时，多人并排站立是错误的。

地铁的扶梯中间一般会有黄色警戒线，左侧是急行通道，专为有急事的人准备。如果多人并排站立在扶梯上，就会挡住他人的路。并排站在扶梯上，给人一种霸道、不讲理的印象。如果你和同伴是单位的代表，更会令单位的形象受到损害。给他人带来不便，理所当然是不礼貌的。

·乘坐扶梯时应站在右侧。如果电梯上有黄线，一定不要越过
黄线站到左侧。

·乘坐扶梯时不要在扶梯上奔跑。

·乘坐扶梯时不要说笑、打闹。

轿车上要讲究座次排序

我们乘坐轿车的机会很多，但你是否注意过轿车座次的排序呢?
如果没有，你就该补课了。

单独坐朋友的私家车时坐后排，给朋友的感觉是你把他当作出租
车司机;与别人结伴乘坐出租车时让别人坐副驾驶座，等于是向别人
说你比对方地位高;陪领导乘接待单位的轿车时自己坐到司机背后的
座位，这是在礼节上抢领导的威风。

轿车上不讲座次，容易引起他人误解，尤其是引起身份、地位较
高者的误解，甚至导致工作无法顺利进行、交往难以顺利发展。

·轿车由主人驾驶或为吉普车时，副驾驶座最尊贵，前排为上。
而轿车由专职司机驾驶时，副驾驶座最次，后排为上。

·轿车由主人驾驶时，通常副驾驶座上不应空着。

·轿车座次通常是以右为尊。

切忌在轿车上指出贵宾坐错了位置

陪同贵宾一起乘坐轿车时，你不要自作聪明地告诉坐在"下座"上的贵宾说："您坐错了，那个座位才是您的。"对方绝对不会感激你的。

指出贵宾坐错了位置，一方面是对对方自由选择座位的权利的干扰，是对对方尊严的损害；另一方面暴露了你的自以为是，这样做其实是画蛇添足。指出贵宾坐错了位置，等于是向对方以及其他人说贵宾连乘车的常识都不懂。

温馨提示

· 乘坐轿车时，通常贵宾坐在哪里，哪里就是上座。

· 乘坐轿车时，应将贵宾让到上座，但更应尊重贵宾的自由选择。

· 贵宾坐错位置后，其他人可随便坐，也可按照身份高低依次就座。

上下轿车要讲谦让

乘坐轿车时，上下车的礼仪是不能忽视的，否则就是对客人的不敬。

你上车时自己先上，下车时不管自己坐在哪边，都抢着先下车。如果你身份地位高，别人会觉得你仗势欺人；如果你身份地位一般，别人会认为你妄自尊大。如果你坐在左侧，车又停在闹市，下车时猛然开门，则容易撞上经过的行人。

上下轿车举止随便，既容易造成误解和不便，又不利于你的形象，不利于和别人的交往。

送客时要等客人的车离开后再返回

送初次见面的客人时，不等对方的车离开就返回，对方会认为你无心与其交往；送贵客时，不等对方的车离开自己家或单位门口就返回，对方会认为你不把他放在眼里；送久别重逢的朋友时，不等对方驶离你就返回，对方会觉得自己受到了冷落和敷衍。

送客时急不可待地返回，说明你厌烦客人，不愿招待对方。中国人自古以来送客都讲究依依惜别，迫不及待地返回，无疑会让你的礼貌和真诚打折。

坐车时切忌不断问询司机

坐车时不断与司机搭话是不礼貌的。

驾驶是需要高度集中精神的活动，稍有疏忽就容易发生意外。乘坐私家车时不停地与司机说话，会使对方心烦意乱，影响心情；坐公用车时不停打扰司机，如果司机因此而放低车速，会引起其他乘客的公愤，他们会埋怨你违反交通秩序。坐车时不停与司机搭话，会让他分心，容易使对方认为你在打发时间，并会妨碍对方正常工作，还有可能因此而引起事故。

温馨提示
- 乘车时，应避免在行驶过程中与司机谈话。
- 乘车时，不要在路况较差的时候与司机说话。
- 乘车时，不要大声与旁边的人谈笑，以免影响司机情绪。

陪同客人乘电梯应先入后出

陪同客人乘电梯时，不能后入先出。

陪同客人乘电梯时，让客人先进等于是让客人领路，如果电梯无人控制，客人还要负责按电梯按钮；陪同客人乘电梯时，先于客人走出等于是把自己摆在尊贵的位置，将客人放在"小跟班"的地位。陪同客人而不能令对方感受到周到的服务，甚至连起码的正确服务都得不到，显然与接待人员应有的职业素养相违背，与正规的服务礼仪标准相违背。

·陪同客人乘坐升降式电梯时，应先入后出。

·陪同客人乘坐商场中的扶梯时，应站在客人身后，站在电梯右侧。

·进入电梯后，应为后来者控制电梯门，待客人全部进入后再关门。

陪同上司出行要注意自己的身份

陪同上司出访，见到接待方时有意无意地走在上司前面，以至于对方误以为你是上司而殷勤与你握手；陪同上司视察时，不顾自己的角色滔滔不绝地讲话，上司一定会觉得你是个"话痨"；陪同上司出行乘坐轿车时，上司还未上车，你就抢先开了上座旁边的车门坐进去，上司一定会觉得你在礼仪上有所疏忽。

陪同上司出行时不注意自己的身份，既是无视上司存在的表现，也会给自己单位丢脸，还将自己置身于难堪境地。

温馨提示

·陪同上司出行时说话不要抢先。

·陪上司出行时应主动为上司开关车门、房门、电梯门等。

·陪上司出行时应注意察言观色，按照上司指示行事。

与外宾交谈不可涉及敏感话题

与外宾交谈时涉及敏感话题，容易引起对方的误解，导致交往失败。

如果两国邦交正处于紧张状况，你与外国友人对话时开口就问对方对双方国家的看法，对方一定会认为你对他有成见；如果你面对的外宾是位年轻女性，你询问对方是否恋爱、是否结婚、是否有孩子，对方一定会因为你干涉她的隐私而生气。

与外宾交谈时涉及敏感话题，无论是否有意为之，都会被对方视为无礼。

温馨提示

· 与外宾交谈时，不要涉及敏感的政治话题。

· 与外宾交谈时，不要涉及对方收入、年龄、住所等问题。

· 与外宾交谈时，不要涉及宗教信仰、种族区别等社会性、文化类问题。

在办公室着装不可太随便

办公室可不是想穿什么就能穿什么的场合。

办公室里着装随便，会给他人以低劣的视觉印象。在办公室乱穿衣的人，无法传达出对别人的敬意。

温馨提示

· 办公室里不要穿太休闲的服装。

- 办公室里不要穿太短小、暴露的服装。
- 办公室里不要穿太透明的服装。

递送尖状物时尖端应朝向自己

递送尖状物时不应该让尖端朝向对方。

当别人递给你锥子的时候，把锥尖朝向你，尽管是你要求对方递送，对方也热情而态度礼貌，但这种方式多少会让你心里害怕与烦躁的感觉交织在一起。递送剪刀、水果刀等工具，尖端朝向别人会给对方以威胁感，如果不小心伤到对方，更是非常尴尬。

温馨提示

- 递送刀、剪等物时应将尖端朝向自己。
- 递送尖状物时不要抛送。
- 递送尖状物时要等对方接到手里后再放手，以免掉落地上。

不可在办公室里放与工作无关的物品

办公桌上放着一件未完工的毛衣，窗台上放着一排化妆品，墙上挂着两幅明星海报，抽屉里还放着薯片……这样的办公室似乎已经成了私人领地，是不对的。

在办公室里放与工作无关的物品，一来会分散精力，影响工作效率；二来会影响个人形象，让别人怀疑你的工作能力和积极性。接待客户或领导时，对方会认为你杂乱无章。再者，每个员工都是他所在公司的形象代表，每个办公室都从侧面反映着整个单位的风格和实力。在办公室里放与工作无关的东西，无法营造严肃、正规的工作环境，有损集体形象。

不可在办公室接待亲朋

在办公室里接待亲朋是不妥的。

不准在办公室接待亲朋，应该是大多数单位的明文规定。从礼仪角度而言，在办公室接待亲朋，如果你是领导，就难以为下属树立一个以身作则的形象；如果你和其他同事共用一个办公室，容易影响别人工作；如果接待亲朋期间正好有公务上的客户来访，对方会认为你以及你所在的单位制度不严、信誉不佳。

礼貌接待不速之客

在办公场合随意打发不速之客，是欠考虑、不成熟的做法。

在办公时间被不速之客打扰固然令人不悦，但也不能轻率地将其敷衍了事。如果对方是你的朋友，匆匆将其打发会危及你与对方的友好关系；如果对方是走错部门的访客，问过后就将其打发会让对方对你所在的部门留下不好的印象；如果对方是同事的熟人，三言两语将其打发，会让同事对你产生不良印象。

温馨提示
· 对于不速之客，应根据对方目的礼貌应对。
· 如果来客有急事，可以帮助其询问他要找的人是否有时间应对。
· 如果不速之客为无聊的事纠缠不休，应礼貌地将其劝走。

接待客人时站立要到位

在单位接待客人，尤其是在饭店、商场等服务性行业，站立不到位是很不礼貌的。

接待客人时站立不到位，一来容易妨碍客人行动，同时使服务人员不能及时提供服务；二来容易给客人造成该单位人员素质低、服务水平低的印象；三来容易让其他人对该单位的档次和其他方面情况产生不信任，进而影响该单位声誉。

温馨提示
· 在大门口迎接客人时，应站在门边。
· 陪同客人时，应站在客人的外侧。
· 迎接重要客人时，接待人员应分列入口两边夹道欢迎。

办公室里要控制情绪

在办公室里不控制情绪会引出很多麻烦。

工作上出了点问题，与客户吵架了，受到别人的误解了……遭遇不快时，就表达不满；周末时买彩票中奖了，发奖金了，见到老朋友了，买到心仪已久的衣服了……遭遇喜事时，就抑制不住自己的兴奋。在办公室里常常出现这种不控制情绪的人。不控制情绪，会使自己受情绪控制而不能很好地工作，还会将自己的情绪传染给别人，影响别人工作；不控制自己的情绪，便不能让别人感到放心，别人就不会将重要工作交给你做。

办公室不是发泄情绪的场所，不要对自己的情绪不加控制。

温馨提示 ....

· 在工作场合受到委屈或批评，不应转嫁到同事身上。

· 不要把私人情绪带到办公场所。

· 受到嘉奖或取得成绩时不要太张扬。

....

打私人电话要轻声细语

上班时间偶尔接到私人电话，或因为情况紧急而拨打私人电话，都无可厚非，但高声打私人电话就让人难以接受。

私人电话当然是谈私人的事情。接打情侣的电话，别人旁听会觉得尴尬。只适合两个人单独交流的话放到办公室的严肃场合的确不雅。家人闹矛盾了，孩子要上学了，朋友要结婚了等私事，在办公室里讲本已经不合适，再提高声音应答，简直是故意干扰别人工作，毫无疑问是一种不礼貌的行为，会受到人们的责备。

禁用办公资源做私事

用办公室的电脑浏览娱乐新闻，用公司的打印机打印网络小说，用公司的电话和朋友聊天，用公司的信纸和信封写私人信件，等等，如此做法，都是用办公资源做私事的表现。这是应该杜绝的行为。

用办公室资源做私事，说明你自私自利、爱贪小便宜。如果因为做私事而导致公司处理紧急事件时资源告急，你就有渎职之嫌。如果你是领导，就会导致上行下效，无法树立威信和榜样。

不可随便挪用他人东西

不要随便挪用他人的任何东西。

随便挪用同事的东西，也许是你表示自己和他关系良好、不分彼此的举动，但是在对方看来，你是在漠视他的存在。你挪用的时候不能保证对方不用，如果别人着急用某件物品却找不到，且又得知是你自行拿走，对方一定会生气。如果你把同事的文件当废旧打印纸使用，对方甚至会发火。

随便挪用他人的物品是侵犯他人利益，自然不能说是礼貌之举。

温馨提示

· 使用同事的物品前要事先征得对方同意。

· 同事不在而又必须使用他的某些物品时，一定要小心使用、合理使用；待同事回来要及时告诉同事并向其表示歉意和谢意。

不可替同事做决定

无论事情大小，你和同事关系再好，也不应该替他做决定。

不要认为"他可能会这样想""他应该会这样做""这样做是为他好，替他省时间、减少麻烦"。替同事做决定，在同事自己看来，是对他权利的剥夺；在其他同事看来，会认为你多管闲事，被你帮助的那个同事则被认为是懒惰成性、没有主见的人。

如果同事准备做出的决定和你替他做的决定正相反，你就是帮了"倒忙"。

尽量不要迟到、早退或到场太早

参加会议时迟到、早退、到场太早，都不可取。

迟到和早退都需要在众目睽睽之下穿过会场，干扰会场秩序。即使你在最后排就座，也表明了你对会议的轻视、对发言者的不敬，还体现出你目无集体、目无纪律、过于自我、没有时间观念等种种缺点。

而到场太早，通常情况下你既不能为筹备会议的人帮上忙，还会给人以监督筹备者、好奇而窥视会场的印象，你还可能干扰会场筹备人员的工作。

会上发言不要长篇大论

会上发言长篇大论令人反感。

为一个几句话就能说完的主题在会上长篇大论，既啰唆又有显摆和说教之嫌；发言时不断转换议题，总将"我再补充一点"挂在嘴边，给人以思维混乱、记忆力差之感；刚被提升的人在昔日为同事的下属面前开会时长篇大论，给人以"小人得志""得意忘形"之感。

会上发言长篇大论，别人记住的不会是你善于说话的优点，而是你不尊重他人感受的表现。

温馨提示

· 会上发言要简洁。

· 会上发言不要揪住一个问题反复讲。

· 会上发言不要涉及与主题无关的事情。

· 会上发言应避免说一些口头禅之类的话。

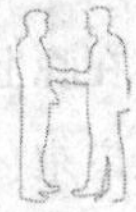

第四章

20 几岁要懂得的宴请礼仪

宴请重在满足客人的需求

在请客时，很重要的一个原则就是要尊重对方特别是少数民族的饮食习惯。

大多数情况下，正式宴请的具体时间遵从民俗惯例。比如在国内外举办正式宴会，通常都要安排在晚上进行。因工作交往而安排工作餐，大都选择在午间进行。而在广东、海南、香港、澳门，亲朋好友聚餐，则多爱选择饮早茶。

宴请时主人不仅要从自己的客观条件出发，更要讲究主随客便，要优先考虑被邀请者，特别是主宾的实际情况，不要对这一点不闻不问。如果可能，应该先和主宾协商一下，力求双方方便。至少，也要尽可能提供几种时间上的选择，以显示自己的诚意。

宴请是针对所请之人进行的，因此要千方百计地满足客人的需求，宴请的地点和时机应尽可能让客人感到方便。主人可在宴请前征求客人的意见，以便充分准备。

温馨提示

·选择交通方便的地方。

·选择卫生良好的饭店。

·选择环境优雅的地方。

与领导进餐的注意事项

在工作酒会、宴会中，一定要等到领导举杯了，你才能举杯，或者你可以举杯敬领导。可千万不要拿起杯一句话不说一饮而尽，那领导会以为你对工作有不满情绪，更不要在领导前喝醉失态。

邀请经理携配偶用餐，其他人的配偶也应参加。当然也有例外，若客人的配偶目前在上班，未予邀约并不失礼。

如果没有客户在场，作为年轻职员，要体现出照顾上级和年长同事（特别是女士）的风格，包括部门经理、领导和其他年长同事。当然，如果有客户，就要照顾客户的需求。如果有"外人"在场，一定要表现出对上级的尊重，千万不要像在单位一样随意开玩笑。

温馨提示

· 可以送个小纪念品以示感谢。

· 不要在领导面前道人是非。

升职时如何请同事吃饭

许多公司有不成文的习惯，就是升职要请客，你若身处这样的公司，当然要入乡随俗。至于请客请些什么呢？那要视加薪额和职级而定，一则是量入为出，二则是身份问题。一切最好依照旧例，人家怎样，你就怎样。

相反，有同事表示要请客为你祝贺，你也要答应，否则就是不给面子，不接受人家的好意。不过，答应之余，请考虑对方是否出于一片真心，还是彼此只属泛泛之交，此举只是拍马屁。前者你自然可以开怀畅饮，至于后者，吃完之后你最好反过来做东，这样既没接受他的殷勤，又没有得罪他。

宴请重要客户要讲究档次

为体现对客户的诚意和尊重，邀请重要客户吃饭，首选四星级以上的饭店。一般来说，海鲜类餐厅、日本料理、法式大餐等常是首选。在国内，这些字眼儿几乎代表了餐厅的高档和菜品的考究。上述饭店通常环境高雅，装修豪华气派、富丽堂皇。而且，这些地方还有许多舒适的单间、雅座，保证与客户的沟通不会受到外界的干扰。

对待未来客户要讲究舒适

如果是对待未来客户，那么一定要讲究舒适。未来客户是生意场上的潜在客户，他们可能今天还不是你的财富来源，但是明天很有可能让你赚到钱。对于潜在客户来说，接触、交往和交流显得更为重要。比如通过商务宴请，让双方放下戒备，敞开心扉。所以，定期宴请未来客户可能是最好的选择。

对于未来客户，尤其是不了解他对你将会有多大价值时，你可能不大愿意为宴请而抛重金，如对待重要客户一样讲究档次和排场。但是，在宴请的安排上也要真诚相待，档次不能过低，或者为了节约而选择环境差、卫生标准低、交通不便的场所。所选餐厅的位置最好有利于客户出行，不太好找的地点最好就不要去了。对于菜品，可以不太贵，但应力求做到新鲜和独特，比如尝试一下新开的风味餐馆，品尝新推出的菜品，都是经济实惠的选择。

温馨提示

·重在舒服。

·增进了解，不要急于达成交易。

对待老客户要讲究情绪的渲染

一般来讲，跟"朋友"客户吃饭没有那么多的讲究，选择中档餐厅就可以了，但务必要口味地道、环境卫生。同时，毕竟是生意上的合作伙伴，所以，在宴请上仍然要让对方感受到你的诚意。如果双方关系足够亲密，不妨邀请他到自己家中吃"家宴"，经济实惠，环境也肯定比餐厅要自由放松得多。对于双方来说，"家宴"更能加深了解和友谊，是简单却绝好的选择。

温馨提示

·宴请客户时尽量不要带自己的爱人。

·宴请客户要早于客户到达宴会地点。

·宴请客户要主动去结账。

宴请异性朋友，以礼为先

宴请异性朋友，尤其是男士宴请女士时，要特别注意礼仪，这样不仅表现了你对对方的尊重，还体现了你的涵养。

与女性约会共餐时，要注意遵守约定的时间。如果让女性在公共场合等 5~10 分钟还勉强可以接受。超过这个时间的话，就是没有礼貌。这时候应打电话事先告知，以免影响对方的情绪。

男性在女性来到餐桌边时要站立，即使在混杂的餐厅，也要稍稍起身，直到女士入席或者她坐下为止。在女性离开桌子时，男性也要站起来。

要用比平常音量稍大的音量和女士说话，不要过于亲昵地说话，也不要越过大厅，大声呼叫女士的名字。

谁邀请对方，谁就该付账。谨记一切支出费用都应由邀请方支付，包括晚餐、门票、停车费、交通费等，至于以后的约会费用该如何分担，就由自己去斟酌了。

温馨提示
·应注意尊重对方的隐私。
·应避免接触女性的身体。
·不要谈让女性尴尬的话题。

点菜时，征求客人的意见

宴请之际，主人一定要了解客人的口味。国内客人的口味特征大致为东辣、西酸、南甜、北咸。宴请时要根据客人的具体情况点菜。

点菜时，我们一般都会有礼貌地征求一下客人的意见，但怎么问大有讲究。有经验的人有两种问法：一种是封闭式问题。比如，"来条草鱼还是鲤鱼"，如此在两者之间进行选择，大大缩小了选择的余地。又如，"喝茶还是喝咖啡"，就是告诉对方，你不要喝酒。而另外一种问法是开放式的问题。比如，"您想喝什么酒"，由被问者自由选择。此外，需要注意的是，一定要了解客人不吃什么，尤其注意不要犯宗教禁忌或民族禁忌。

温馨提示

·"女士优先"同样适用于点菜。

·亲朋好友吃饭，轮流点菜最佳。

不可穿制服赴宴会

参加私人宴会穿制服，给人以公事公办的印象；参加公务或商务宴会穿制服，给人以装模作样、煞有介事的印象。穿制服参加宴会，不仅无法穿出你工作场合外的个人形象，也不利于你保持自己良好的职业形象。穿着制服办私事是违反职业规定的，对于你的职业来说是为其抹黑。在与工作无关的场合穿制服，无可置疑地显得滑稽。

穿制服赴宴给人以虚伪、做作的感觉，让人难以放松地展开私人交往，于公于私都是不礼貌的。

· 参加任何形式的宴会，都应避免穿制服。

· 参加大型正式宴会时，应穿礼服。

· 参加小型的私人宴会时，应穿整齐大方的服装。

赴宴时要脱帽

赴宴时不脱帽就像握手时不摘手套一样失礼。

赴宴时不脱帽，给人一种我行我素的感觉，对主人和其他客人都显得不敬，对方会认为你不把别人放在眼里。赴宴时不脱帽，会让人觉得你不愿意参加宴会，只是来这里转一圈，会马上离开。当你作为贵宾出现在大家面前时，不脱帽给大家的印象是"极度自恋"。

· 赴宴时，不应戴着帽子进场。

· 赴宴时，应将帽子放在指定位置。

· 赴宴时如果戴着帽子，见到主人和其他宾客应脱帽致意。

赴家宴要带礼品

赴别人的家宴不带礼品有点说不过去。

家宴是比较隆重的，通常只针对关系很好的人。有人请你赴家宴说明对方比较重视你，重视与你的交往。有些国家有赴家宴携带礼物的习俗，如日本。如果你未带礼物，对方会对你很失望。在节日期间赴家宴不携带礼物，显得不遵循节日礼仪。在平常的日子参加别人的家宴，如果其他客人都带了礼物而你未携带，容易给别人留下吝啬而不知礼的印象。

赴宴时不可携带未受邀请的宾客

赴宴时绝对不应该携带未受邀请的宾客。

携带未受邀请的客人赴宴，会给主人增加额外的负担，也许主人必须因此而额外准备座位和食物。携带未受邀请的客人赴宴，给人一种占便宜的印象。如果主人的宴会对客人的身份、地位和人数有特别严格的限制，你带一个与主人宴会毫无瓜葛的人做伴，无疑是对主人尊严的轻视，你还可能因此而导致与主人关系恶化。如果你携带的客人恰好很缺乏自知之明，大声喧哗、扰乱别人心情不说，别人因而认为你也是如此没有教养的人。

入席后要跟陌生邻座打招呼

参加任何性质的宴会，入座后如果自己身边的邻座是陌生人，不与其打招呼都是不对的。

俗话说"来者皆是客"，既然坐到一起，必然都是主人的客人，当然彼此也有可能成为朋友。在公共场合遇到陌生人，有时候尚且需要一个微笑，在参加同一个熟人举办的宴会上，难道不更应该给邻座一个问候的微笑吗？如果入座后面若冰霜，而后主人恰好要介绍你们相互认识，彼此必定会遭遇尴尬。

即便是为了保持你的优雅风度和证明你有涵养、平易近人，也不该对宴会同桌上的陌生邻座不理不睬。

温馨提示
·入席后应和同桌而坐的人们打招呼问好。
·入座后邻座主动向自己问好时，应及时而礼貌地回应。
·入座后面对陌生邻座，态度应热情而从容。

打喷嚏要背转身

不要对着桌面打喷嚏。

从医学卫生角度而言，对着桌面打喷嚏会使你的废气废口水以超高速飞溅到大家身上，融入餐桌周围的空气里。这个情景想象起来就让人觉得可怕且恶心。从礼仪角度来讲，对着桌面打喷嚏是没教养和自制力差的表现。这会给大家带来不愉快的气味和声音，让大家同时感觉到身心的不适。如果你打喷嚏的同时还流鼻涕、流眼泪，这是对自己公众形象不负责任的表现。无论你身份地位如何，这个喷嚏都必定会让你大丢脸面。

不可只挑自己喜欢的吃

在宴会上只挑自己喜欢的吃，这种行为绝不提倡。

在别人的家宴上只挑自己喜欢的吃，主人会认为你对他做的菜不满意，还可能因为自己招待不周而感到愧疚；在别人的商务宴请上只挑自己喜欢的吃，对方会觉得你太过自我，对别人态度不恭敬；在朋友聚会上只挑自己喜欢的吃，会给人以不把别人放在眼里的印象。

不宜在宴会上接电话

在宴会过程中接电话是不礼貌的。

在公务或商务宴会上接家人或情人的电话，且在自己的座位上大声说话、不避人，这样既显得张扬，又显得不把旁边的人放在眼里，还会让别人因为听到你的私事而感到尴尬。在家宴、朋友的私人宴会上接公务电话，且不做任何掩饰或道歉的表示，会有炫耀之嫌。别人也会因为不得不暂时停止说话从而替你制造一个安静的通话环境而陷入冷场。

温馨提示
- 在宴会上接电话，应起身离座，并避免长时间接听。
- 在宴会上接电话时应避免高声，更不要夸张。
- 在宴会上接电话时应避免边吃边接。

不可起身去夹离自己很远的菜

在宴会餐桌上起身去夹离自己很远的菜是错误的。

起身去夹离自己很远的菜，如果你心里着急吃不上，怕别人抢光，别人会因此轻视你的为人；如果你是因为迫切想品尝菜的味道，你的动作会引起别人的注目和暗自嘲笑。抛开个人形象不说，起身夹离自己很远的菜，很容易打扰、碰撞别人，只为早点夹到一筷子菜而不顾可能将食物撒到别人身上的危险，这样做没有人会觉得你礼貌。

要吃完自己碟中的菜再重新夹菜

参加婚宴、寿宴等宴会时，经常会看到餐桌上自己碟中菜尚未吃完就夹菜的人。因为人多嘴多，慢一秒，有的菜就吃不着了——这种想法可以理解，但是这种行为不礼貌。

自己碟中的菜未吃完就重新夹菜，会让人觉得你贪心不足，没吃过好东西，没见过世面。如果你是长辈，必然无法在晚辈面前树立起一个深谙礼节的好形象；如果你是晚辈，必然会给长辈留下一个不懂得尊重长辈的糟糕印象。如果你最后什么菜也没吃完，剩一堆在碟子里，有的人却什么也没吃到，你必定会给人留下自私的印象。

不可将夹起的菜重新放回盘中

在众人聚集的宴会上吃饭夹菜时，千万不要把夹起的菜放回盘中。

夹了一大筷子鱼香肉丝,还没夹到自己碟子里,因为觉得颜色太红了,就"啪嗒"一下扔回菜盘子;好不容易从一只烤鸭身上撕了一块肉,刚好有一盘新菜上桌,就立刻将鸭肉放回菜盘……这样的做法实在令人不齿。使用公筷也好,使用自用筷子也好,没有人愿意吃别人夹过又放下的菜,因为那样给人的感觉恰似吃别人的剩饭。

餐桌上剔牙要避人

在宴会餐桌上,大家都很烦剔牙不避人的行为。

在餐桌上剔牙不避人,会使你精心营造的外在形象顿时黯然失色;会令同桌客人厌烦、心里不适,也会使其他餐桌上的客人感到恶心,甚至会将你视为你所在餐桌客人的代表,从而认为你所在餐桌的所有客人都素质低下。

宴会开始后才可动筷

参加宴会时，从许多细节中都能看出你懂不懂规矩，有没有涵养，甚至值不值得别人信赖和交往。

宴会还未开始就动筷是不礼貌的行为。宴会未开始就动筷，给人的感觉是你参加宴会的唯一目的就是吃，这是不把宴会主人放在眼里的表现。宴会的一大功能就是帮助社交，展开交际，如此着急地吃，难道你就不想想在座的长辈或女性吗？如此表现，怎么能体现出礼仪的内涵呢？

温馨提示

·宴会时主人未动筷，自己不要下筷子。

·当主宾动筷时，自己才能下筷子。

·宴会未开始时，不要不停地把玩筷子。

吃中餐时不可噌筷子

吃中餐时噌筷子的行为要不得。

吃饭时不停噌筷子，哪怕是筷子尖上沾的一点汤或残渣也不肯放过，有失餐桌礼仪之雅。与重要客人共餐时噌筷子，对方会觉得你是用此举来抬高自己、贬低对方。

温馨提示

·吃饭时不要噌筷子并发出响声。

·在餐桌上与人交流过程中、短暂思索时，不要将筷子放在嘴里。

· 不要刻意吮吸筷子上沾的汤汁或菜渣。

吃中餐要注意筷子不可乱用

在中餐宴会中，筷子是必不可少的工具，也是体现中国传统饮食礼仪的重要载体。如果使用筷子不当，就会留下笑柄。

在中餐宴席上用筷子敲杯盘碗碟，是扮演乞丐、令主人难堪的表现；吃中餐时把筷子竖着插在饭菜上，在中国传统习俗中，只有给死人上坟才这样做；在中餐宴会上将筷子一横一竖交叉放在碗碟上，同样是很不恭敬的做法。中国传统中，筷子的用法是一门很深的学问，就像西餐中的餐具不能乱用一样。吃中餐乱用筷子，既是对饮食文化的亵渎，对宴会主人的侮辱，也是对自己形象的破坏。

温馨提示

· 筷子不能将大头和小头两端颠倒使用，更不能一根大头朝上、一根小头朝上。

· 筷子不用时，应该放在专用的筷托上。

· 筷子横放是表示已经吃完的意思；中途不用时应对齐竖放。

不可用筷子剔牙

在餐桌上，一定别用筷子剔牙。

就像咖啡勺只能用来搅咖啡而不能用来舀咖啡，筷子是用来吃饭的，而不是大号牙签，滥用筷子是不合礼仪的。无论在什么性质的宴会上吃饭，用筷子剔牙都会给人留下不修边幅的印象。如果你出席家庭宴会，而主人用上等竹筷甚至象牙筷来招待你时，你用筷子剔牙，简直是"暴殄天物"。相信主人再也不愿意使用你剔过牙的筷子，也不愿意把你当作贵宾招待了。

交谈时不可挥舞筷子

有的人在宴席上总觉得有发挥不完的豪情，边吃边说，边说边拿筷子当辅助工具，狂挥乱舞，大有一副指点江山的架势。这是错误的。

在餐桌上交谈时挥舞筷子，容易将食物残渣甩到桌上或别人身上，如果你的筷子戳到别人身上就是"人身攻击"。挥舞着筷子说话，想必你有很多激动人心的言论。无论如何，交谈时挥舞筷子看起来都是滑稽、浅薄、无聊的行为。

宴会上不宜与他人交头接耳

参加宴会时在餐桌上交头接耳可不是好习惯。

与自己身边的熟人邻座交头接耳，其他相对陌生的客人会显得受到冷落；与自己身边的陌生邻座交头接耳，别人会觉得你自来熟、热情过度。在餐桌上和别人说悄悄话，会给人一种背后讲别人闲话的印象。如果你恰好与别人交头接耳的内容是对某人发表评论，无论你的观点对被评论者是好是坏，你爱"嚼舌头"的名声都必定是打出去了。

温馨提示

·宴会上，不要与别人做神秘状小声谈话。

·在宴会过程中，不要和别人对某人指指点点。

·宴会上，不要与别人长时间议论其他人。

别人敬酒时不可只顾自己夹菜

在酒桌上，少不了推杯换盏，你敬我，我敬你。别人向你敬酒时，可千万要提高自己的注意力哟！

晚辈郑重地向你敬酒，你却眼见对方擎起杯子，仍不慌不忙地夹一口菜吃，对方一定会怀疑自己是否敬错了人或者举杯的时机不对，也可能想：这人怎么这么不给面子？同事向你敬酒，你却一边举杯，一边将筷子伸向菜盘，对方一定会觉得你对他有成见，以此向其表示不满或轻蔑。

·别人敬酒给自己时，应举杯回应对方。
·当别人敬酒时如果自己正在夹菜，应立即停止。
·别人快敬到自己时，应停箸提前做好准备。

在中餐宴会上不可只吃饭不说话

在中餐宴会上闷头吃饭、一语不发是不对的。

中餐宴会的实质就是展开交际，增进彼此感情，不说话是大忌。只吃饭不说话，一来会给人以不擅交际或故作清高的印象，容易被认为是个人不良情绪的当众宣泄；二来会使现场气氛冷场，甚至陷入尴尬；第三会让想结识你的人摸不着头脑，不知道该如何与你交往，甚至对你望而却步，丧失与你交往的兴趣。如果宴会上有贵宾，你的沉默很容易引起对方的疑心和不快，觉得你在给对方脸色看。

温馨提示
·即使筵席上没有自己熟悉的人，也不应沉默到底。
·别人与自己交谈时，应礼貌回应。
·聚餐的主要功用和目的应该是交际，而不是吃饭。

不可随便转动餐桌

随时随意转桌绝对不受欢迎。

新上的菜，长辈或主宾一口都没吃到，你就转桌自己先下筷子，别人会觉得你不懂得尊重人，不懂得礼节；别人正在举杯祝酒，你转桌吃菜，别人会觉得你目中无人；别人正在夹菜，你转桌是在给夹菜的人捣乱，给人的感觉是你成心让他夹不着或者夹不牢；众人正在就某事停箸讨论，你却旁若无人地转桌准备夹菜，明显是对吃菜的兴趣大过对与大家交往的兴趣。

随时随意转桌，显得过于自由，这非但不便于制造轻松随意的气氛，更容易给大家带来疑惑和尴尬。

温馨提示
·转桌要找没有人正在夹菜的时机。
·不要待主宾还未品尝第一道菜时转桌。
·转桌时，如果有必要，应先用语言或眼神、动作向大家提示一下。

不可结伴提早离席

在宴会上觉得自己吃得差不多了，想去办别的事情，又不愿单独离开，于是怂恿三五个人一起做伴提前离席。这是不对的。

参加别人的家宴也好，参加单位举办的节庆宴会也好，或者参加友邻单位的便宴，都不应结伴提早离席。宴会的性质不同于鸡尾酒会，不能想什么时候来就什么时候来，想何时走就何时走。提早离席已经是散漫的表现，结伴提前离席更是对宴会举办者公然的恶意叫板。

温馨提示
·参加宴会时，应避免提前离开。

·有必要提前离开时，不要找一个甚至几个同伴一起离开。

·提前离开时，应尽量从侧门离开。

不可端着盘子喝汤

端着盘子喝汤给人以不雅的印象。

端着盘子喝汤，首先从视觉上给人以粗俗、随便的印象，显得与温文尔雅的就餐环境不相融合；其次，端着盘子喝汤容易导致汤洒落出来，落到桌上会使你显得慌乱，落到其他盛器中会影响食物的味道，洒到自己身上会使你显得狼狈不堪，洒到别人身上会使大家尴尬。如果对方的衣服很贵，你可是脱不了责任的。

如果汤是盛在有柄的杯子中的，刚开始喝汤就端着喝，会给人以性急的印象。因此，汤喝掉一部分之后，才可端着杯柄喝。

温馨提示

·喝汤时应用勺子从外向内舀着喝，不能端起来喝。

·喝汤时应将汤匙底部放在下唇位置，使其与口部约成45度角，头略向前倾。

·汤快喝完时，可用左手将碗的一端略微抬高，仍然用汤勺取用。

参加西式宴会告辞要看主宾行事

参加西式宴会时什么时候告辞，千万别任由自己决定。

主宾谈兴正浓，你突然提出要走，主宾会觉得你暗示对方停留时间太久，应该走人了，同时主宾会怀疑你嫉妒对方、想故意使对方丢面子。在主人看来，他会为你冒犯了主宾而感到不自在，也会为你不识抬举而感到这次宴会举办得不够圆满；其他客人会觉得你给宴会的和谐气氛泼冷水，同样会觉得不悦。

温馨提示

·参加西式宴会时，主宾告辞后普通客人才能告辞。

·如果必须先于主宾告辞去处理急事，应向主人和主宾恳切地说明原因。

·参加西式宴会时，应在宴会的结束时间到来前及时告辞。

不可用咖啡勺喝咖啡

用咖啡勺舀咖啡喝，这一行为在正式场合下可能会被视为不够得体。

看一个人如何喝咖啡，能看出这个人对咖啡文化了解多少、是否懂得咖啡礼仪。用咖啡勺舀着喝咖啡是失礼的表现。在有些人看来，这是装模作样、不懂装懂。当你在聚会上高谈阔论时用咖啡勺喝咖啡，即使你言论再高明、外表再无懈可击，也难以赢得他人的由衷认同。

如果你不太清楚该怎么用咖啡勺，宁可先看别人怎么用，也不应自以为是地拿咖啡勺舀咖啡喝。

温馨提示

·咖啡勺是用来加糖和搅拌咖啡的，而不是用来盛咖啡入口的。

- 喝咖啡的时候，应将咖啡勺取出放在碟子上。
- 咖啡勺不能一直放在咖啡杯里。

不可吹气为咖啡降温

喝汤喝水时如果太烫，会很自然地想到用嘴吹气降温，但喝咖啡的时候用吹气的方法降温就有失你的大好形象了。

咖啡代表着一种文化，传达着人的品位和修养，喝咖啡时不能在举止上马马虎虎。用嘴吹气很不雅观，还容易在咖啡里溅入自己的唾液，或者使咖啡溅出杯子。

礼仪一方面是为了表达对别人的尊重，另一方面是为了塑造自己的形象。不要用吹气的方法为咖啡降温，这是违背约定俗成的规则的。

温馨提示
- 咖啡应该令其自然降温或用专用小勺搅拌降温。
- 喝咖啡时，不应大口大口地像解渴一样地喝，而应动作轻缓、小口小口地喝。
- 咖啡如果太热，可以暂时放置。

坐着喝咖啡时不要连碟一起端

坐着喝咖啡时，不要连着碟子一起端起来。

咖啡碟的作用是防止咖啡溅出来。坐着的时候人们通常稳当得很，根本不用担心咖啡会洒出来。将咖啡碟子一并端起来，给人一种煞有介事、故意引人注目的印象。就像不用戴着手套吃饭一样，坐着喝咖啡时连碟一起端是没有必要的，也是不礼貌的。

温馨提示

·坐着喝咖啡时，只需端起咖啡杯。

·喝咖啡时，应用拇指和食指捏着杯把将咖啡杯端起。

·参加鸡尾酒会等较为随便的活动或坐在面前没有桌子的椅子上时，可以左手端碟，右手端杯。

切忌左手咖啡，右手甜点

左手咖啡，右手甜点，想象一下，你不禁感叹：潇洒！享受！其实这么做是不合礼仪的。

假设你到外国朋友家做客，主人亲自为你煮咖啡、烤制甜点招待你，而你一手端咖啡，一手拿甜点，喝一口咖啡，吃一口甜点，主人一定会觉得你缺少修养，不尊重他。咖啡和甜点各有各的滋味，混着吃喝会影响二者的纯正味道，并且边喝咖啡边吃甜点还容易使甜点残渣混入咖啡杯。

温馨提示

·喝咖啡的同时不应吃甜点。

·喝咖啡和吃甜点可以交替进行。

·通常人们在吃完甜点后喝咖啡。

第五章

20 几岁要懂得的生活礼仪

拒绝约会时尽量详细说明理由

如果你对邀请你约会的人不感兴趣或者不想接受这个约会，你应该怎么做？同样，尽可能详细地回复对方。如果你只是回复："嗯，我那天晚上很忙。"这样只会给对方再一次邀请你外出约会的机会。这种时候明确地回答对方你并不想和他约会或许是更好的答案，但是也不要太直接，你可以说："谢谢你的邀请，但是我已经和别人有约了。"或者说："谢谢你的邀请，但是我现在并不想约会。"

温馨提示

·当你要拒绝约会时，最好给人一个充足的理由，即使编造一个理由也比生硬地说"不"好。

·如果你本想去约会却碰巧没有时间，可以请求对方换一个时间。

公共场合的情感表露要有所节制

无论你们彼此之间有多么相爱，你都必须控制自己在公共场所的情感宣泄。在公共场所牵手、搂肩、快速地拥抱或者亲吻都是可以的。然而，不要在公共场所做一些过于亲密的动作，这非常不礼貌。

也许联谊会是唯一人们不会在意直接表露感情的场所，因为那时每个人都有一点点醉意。但是如果并没有这样的酒会，你也不是联谊会的成员，只是在家里举行的聚会，即使你和爱人多么情意浓浓，也必须把手老老实实地放在自己的身边。你们可以不时地亲吻对方的脸颊或者快速地拥抱对方表达彼此的情感，但是你不应该在客人周围热烈地亲吻。

如果你的客人感情表露得过于直接，你该怎么办？当然，你不能走向他，然后说："到房间里面去。"当他们结束亲热时，你可以把他们其中一个叫到旁边，然后说："不好意思，我不太习惯你们在旁边如此热烈地表达感情。你们是否介意稍微平和一点？"他们可能会给你一个道歉式的拥抱或者愤怒地离开。无论哪种方式，你都达到了自己的目的。也许下次你安排聚会的时候，可能要考虑邀请一些不会在聚会上亲热的朋友。

温馨提示
·情侣之间不可在公共场合做一些过于亲密的举动。
·如果你的客人在聚会上公开热烈地表露情感，可以等他们停下后再提醒他们。

友好分手

有时候，尽管你的初衷是好的，但是到最后却不得不和对方结束关系。分手从来都不是简单的事情，但是如果你的心已经不在这个人身上了，最好不要拖着他（她）太久。

有哪些信号暗示你应该和对方说分手或者暗示你将要被抛弃了呢？

当对方给你电话的时候，你再也没有激动的感觉了。

你开始逃避两个人之间的通话了。

你开始想要取消固定时间的约会，或者对方经常想要取消和你的约会。

你感觉不到乐趣。

你怀疑他（她）和别人约会，或者你对和其他人约会也感兴趣。

和其他很多事情一样，说分手的最好方法不是你从他（她）的生活中消失，而是交流沟通。告诉他（她），你为什么不想和他（她）约会了，但是不要涉及一些伤害他（她）的自尊和感情的细节。有时候为了顾及对方的感受，你必须隐瞒事情的真相。下面是一些步骤供参考。

尽量和对方面对面讨论。正如你不想用邮件来邀请某人外出，也不应该让高科技来代替你说分手。

先说一些积极的事情，比如说："上几个礼拜和你一起外出游玩觉得非常有趣。"

直接告诉对方你想要分手。一般来说紧跟着上面那个短语的往往是："但是，我认为我们最好不要再见面了。"

如果你觉得有必要，可以为自己伤害了他（她）的感情道歉。

你可能想和他（她）握手，然后说："希望你一切都好。"

分手最好采取直接的方式，简洁明了地把自己的观点提出来。但是不能因为这是最有效的方法，就认为是最简单的。你可能需要事先准备台词。这能够帮助你树立信心，以最礼貌的方式将分手的消息告诉对方。

有时候对方并不愿意接受这个事实，但是你必须坚持自己的决定。不要让任何人劝服自己去做任何自己不愿意做的事情，比如继续和对方约会。

不要传递模糊的信息让对方不能轻易地放下。比如说："我们还是做朋友吧。"这暗示你仍旧想和他（她）一起约会。如果你们能够成为朋友，那当然最好了。但是如果对方几乎让你发疯，你想彻底地让他（她）从你生活中消失，"我们还是做朋友吧"这句话就行不通了。你需要更加彻底地表达自己的意思，比如："我们最好不要再见面了。"

不可滥送红玫瑰

红玫瑰虽然美丽可爱，却不是任何人都能送出、任何人都能接受的。

红玫瑰是爱情使者。男性向普通关系的女同事或女上司送红玫瑰，有诌媚和调情之嫌；男性上司向女性下属送红玫瑰，有骚扰和胁迫之嫌；男性客人向已婚女主人送红玫瑰有向男主人示威之嫌；男性第一次与女性见面送红玫瑰，对方会觉得你莽撞、粗鲁。滥送红玫瑰给人一种轻佻、低俗的印象，并且很容易引起误会，造成不愉快。

173

送花要数枝数

送花的学问很多，选好品种不算万无一失。若不注意花的枝数，是失礼的。

在送花礼仪中，不同的数字代表不同的含义。也许有的人不在乎花多花少，只要是花就高兴。但对于懂花的人来说，胡乱决定花的枝数可就是不友好的表现了。本想用玫瑰表达爱情，却送出了表示分手的 17 枝，对方一定不愿再理睬你；本想用樱花向日本友人表示友情，却送出了暗含诅咒"死"的 4 枝，对方一定感到生气而难以理解。

送花不数支数，会让传达良好祝福和心意的花变成关系破裂的"肇事者"，怎么能符合礼仪呢？需要提醒的是，花朵的品种和颜色也需要事先了解才能送出，否则也会出错。

温馨提示
·送花前要知道花的品种和枝数代表的含义。
·送花应根据受礼人的文化习惯来确定支数，如西方人送花一般送单数。
·花的枝数应该避免不吉利的数字，如 13。

选送礼物要打包装

送礼物却不打包装，这让受礼人多少会感到遗憾和不满。
送礼物不打包装，会让人觉得送礼人太过匆忙，礼物并非精心选择，而是随便买了一个就拿过来；送礼不打包装，会让人觉得送礼人对受礼人不太重视，有敷衍对方的嫌疑；送礼不打包装，会让礼物缺少美感和正式、庄重的味道，再高档的礼物也会因为没有包装而降低品位；送礼不打包装，别人一眼就会看出礼品是什么，不具有私密性，有招摇之嫌。

温馨提示

· 送出的礼物应该有适当的包装。

· 礼物的包装应该根据礼物的风格和材质进行选择。

· 礼物的包装应注意色彩搭配。

送礼要根据不同的对象而有所区别

你身在异地，每年给家人寄一包土特产，连包装和分量都不变，家人一定会觉得你太不懂得挂念亲人；看望亲戚，给对方全家每个人一件规格相同的小礼物，没有任何区别，对方一定会想：这家伙从批发市场买东西糊弄我们。

送礼千篇一律，就无法传达出礼物所应传达出的期待和惊喜，无法充分表达出送礼人的情意；送礼千篇一律，在别人看来是虚伪和走形式的表现，而不是真情流露。

温馨提示

· 连续给同一个人送礼时，不要让每次的礼物都完全一样。

· 送礼给一个集体中不同的人时，应选择不同的礼物。

· 送礼给性格不同的人时，礼物也应不同。

送礼要讲场合

送礼不能不讲场合，否则送礼不成反倒惹出麻烦。

从老家带来一堆土特产，如果趁朋友上班时间直接送到对方单位，则既干扰朋友的工作，又使其违反办公室工作原则。把代表集体的公务礼品神神秘秘地送到客户、同行主管的家里，礼物就带上了强烈的私人色彩，从而显得暧昧。对方也难免感到莫名其妙，因此而生气也说不定。

送礼如果不讲场合，就难以使礼物发挥作用，也难以使送礼者的好意得到体现和承认。

温馨提示
·公务礼品应在公开场合送。
·私人礼品应在私下送出。
·公务礼物不能以私人的名义当作私人礼物送。

不可当着几个人的面给一个人送礼

当着几个人的面给一个人送礼，如果那个人是你的师长、你已经确定关系的恋人，也许这么做会让礼物更显得贵重。但如果受礼人和其他在场的人与你的关系相当，这样做就不妥了。

当着几个普通同学的面送礼给其中之一，会引起别人的疏远和嫉妒；当着几个同事的面只送礼给其中一个，其他人会认为你们有什么特别的关系，如果对方是异性，你无疑是给自己制造绯闻。当着几个人的面给一个人送礼，会让受礼人感到尴尬，不利于你和其他人关系的进展。

给病人送礼要考虑对方需要

说起给病人送礼，不考虑对方的需要而从自己的想法出发是错误的。

送鸡蛋、水果、滋补汤之类的食品给不能进食的病人，似乎是在用这些东西引诱他；送恐怖小说给需要良好睡眠的病人，等于是想加重他的病情；送含糖量高的食品给糖尿病病人，只能表明你的无知甚至恶意。

给病人送吃的，不要以为越有营养越好，因为有的病人不适合，有的病人甚至任何食物都不能吃；给病人送用的、玩的，不要以为越新奇越好，因为有的病人不能有激动情绪。不加考虑地送礼给病人，最糟的结果就是适得其反。

礼物上不可留有价格标签

送给别人的礼物上不要留着价格标签。

送给别人的礼物上挂着价格标签，有炫耀、要求对方交换的嫌疑；送给别人的礼物上挂着价格标签，让人感觉更像商品；将留着价格标签的礼物送给别人，显得你挑选礼物不够仔细，送出礼物时不够真诚。如果对方看到礼物标签上高昂的价格，还可能因为觉得受之有愧而拒绝接受，这样对送礼者与受礼者来说都是尴尬。

温馨提示

·对于送出的礼物，应将其价格标签撕毁并消除痕迹。

·送出礼物时，不要提及它花了多少钱。

·送出礼物时，不要强调它的价值，而应强调它所承载的情谊。

收到礼物切忌说："这东西很贵吧（或当场表示不喜欢）"

没有一个送礼者希望受礼者讨厌自己送出的礼物，也没有一个送礼者愿意听到受礼者不满的话，看到受礼者揶揄的表情。如果你当场表示不喜欢，那么简直是等于判了送礼人的"死刑"，他以后必定再也不愿意送你任何礼物了。

别人送你礼物说明对方尊重你、关注你。辜负他的好意、不回应他的礼貌表示必定不合礼仪。

·收到礼物后，应当场表示欣喜和谢意。

·收到礼物后，应该欣赏后妥善放好。

·收到礼物后，应该及时回礼。

对礼物的赠送者表示感谢

收到礼物后，无论你对礼物的评价有多么的低，也必须向赠送礼物的人表示感谢。要对自己准备扔掉、收拾起来或者打算退回的礼物表示真诚的谢意，或许比较困难，但是你还是必须寄出感谢信。你可以按照常规的写法来表示谢意，同时感谢对方记住你的生日。

如果你想要和丈夫或者妻子保持良好的关系，不要忘记你们的结婚纪念日。如果你有可能会忘记这些重要的日子，提前在日历上做个标注。这样能够帮助你记住这些日子，也能够帮助你避免结婚纪念日在沙发上度过。

温馨提示

·即使你收到自己不喜欢的礼物，也要对赠送者表示感谢。

·对一些有特别纪念意义的日子，可以提前在日历上做好标记。

参加婚礼不可穿得比新娘还艳

参加婚礼穿得绝不能比新娘还艳。

伴娘穿得比新娘还艳，就会抢了新娘的风头。如果别人误以为伴娘是新娘，恐怕新娘一辈子都会厌恶伴娘。普通女性参加婚礼时穿得比新娘艳，也会导致同样的结果。别人也许会猜想你是借这一做法发泄自己与新人的宿怨，或者是居心不良。

如果你是男性，穿得比新郎还帅，不用说也是错误的，是不合情理的。因为，如果你穿得衣冠楚楚，看上去比新郎还酷，在婚礼上就会抢了新郎的风头，引人注目，一般婚礼参加者还以为你就是新郎呢。

温馨提示

· 参加婚礼时，应避免穿大红色或白色衣服。

· 参加婚礼时，女性应避免穿得暴露。

· 参加婚礼时，女性应避免穿和新娘款式相似的衣服。

· 参加婚礼时，女性不宜过分化妆。

参加婚礼时务必摘除黑纱

有的人接到婚礼邀请函时，可能正在服丧，臂戴黑纱。如果参加婚礼时不将其去掉，就会遭到诟病。

婚礼理所当地应该喜庆，每个参加婚礼的人都理应为新人增添欢乐。戴着黑纱参加婚礼，显然会给喜庆的场合带来压抑的气氛。在别人看来，这是对新人的诅咒，将会给新人带来"晦气"。戴着黑纱参加婚礼，容易被别人视为挑衅，会遭到别人的责骂。

温馨提示

· 参加婚礼时，应将自己服丧期间佩戴的黑纱暂时去掉。

· 参加婚礼时，应避免穿黑色衣服。

· 在婚礼上应避免不愉快的表情举止。

· 在婚礼上应避免说一些不吉利、忌讳的话。

不可频繁邀请同一个人跳舞

频繁邀请同一个人跳舞是"非正常现象"。

频繁邀请同一位女性跳舞，如果对方有男士陪伴，你会有骚扰女性之嫌；如果你身份地位较高，被众多观众所熟识，频繁邀请同一个人跳舞是对其他人的冷落；如果你频繁邀请的人是陌生人，对方会对你产生戒备心理；如果你频繁邀请的对象是你的上司或长辈，对方会以为你在献媚、别有企图。

频繁与同一个人跳舞而把别人晾在一边，会显得你孤僻或高傲，不容易给别人留下良好的印象。

温馨提示

· 应避免每次都邀请同一个舞伴跳舞。

· 不要频繁请有情侣陪伴的人跳舞。

· 不要频繁邀请独处的人跳舞。

跳舞时要避免踩舞伴的脚

跳舞时踩舞伴的脚是常见现象，但跳一曲舞连续多次踩舞伴的脚，就令人难以接受了。

跳舞时总是踩舞伴的脚，会让你显得很紧张。总踩舞伴的脚，还容易让对方认为你存心找碴儿或者以此挑逗。在别人看来，你的动作会很滑稽，连带得你的舞伴也因为频繁被踩而失态。当这一曲结束后，相信不会有人主动邀请你跳舞，而你主动邀请别人跳舞，也十有八九没有人响应。

温馨提示
·如果自己情绪紧张或舞技不佳，应避免邀请别人共舞。
·踩了舞伴的脚之后一定要马上诚恳道歉。
·跳舞时应确保自己对舞步熟悉。

跳舞时切忌详问舞伴个人情况

在舞会上遇到一个很有风度和魅力的舞伴时，有的人就按捺不住，挖空心思追问对方的个人情况。这样做是不对的。

详问长辈的个人情况，对方会认为你有意想利用他；详问漂亮女性或大帅哥的个人情况，对方会认为你想追求她或他。

在舞会上初识舞伴就详问其个人情况，容易给别人造成负面的误解，还有侵犯隐私之嫌。没有人会觉得对他人的个人情况穷追不舍的人是懂礼貌之人。

温馨提示
·不要详细询问陌生舞伴的住址和姓名、年龄等私人情况。
·不要询问舞伴是否有伴侣。
·不要询问舞伴的个人爱好以及对你的看法。

男士不可拒绝女士的邀舞

男士拒绝女士邀舞是失礼的。

女士打破男士主动邀请的惯例主动邀请男士跳舞，这行为本身就说明女士已经鼓足了勇气，说明她对自己所邀请的男士很欣赏。如果男士拒绝她的邀舞，就是对她的伤害。在舞场上，男士尤其应该表现得绅士。

温馨提示

·女士邀请男士跳舞前，应首先确定没有打扰到男士与别人交谈。

·女士邀请男士跳舞时，应该态度恭敬而恳切。

·男士如果的确不便跳舞，应耐心向女士解释，而女士应礼貌而有涵养地接受。

邀舞时应谦虚有礼

有的人觉得自己仪表堂堂，邀请别人跳舞时就摆出唯我独尊的姿态；有的人觉得自己地位非同一般，请别人跳舞时就显得倨傲非常；有的人觉得自己名声显赫，请别人跳舞时就盛气凌人。这样做是错误的。

请别人跳舞时，你所处的位置是"请求别人"，而不是"被请求"。如果不表现得低姿态一点，再善良和气的人都会对你产生误解。盛气凌人地邀请别人，会给人以压迫感、威胁感，让人觉得自己的尊严受到了侮辱。

饮寿酒、吃寿面要注意规矩

酒与"久"谐音，久与"长"同义，以酒祝寿，意祝长寿。在饮
寿酒时，则必先敬寿星，而后宾客共饮。

在寿宴的菜肴中，寿面是不可或缺的，寿面象征长寿。吃长寿面
时，要将寿面拉高抽长，表示寿星将会福寿绵长，忌讳从中间咬断。

对死讯谨慎询问

当有人去世时，你需要一些亲朋好友帮忙传递死讯。不要让别人
在超市里听到其他人议论时才知道自己关心的人已经去世了。这是非
常糟糕的行为。

当听到某人去世的消息时，马上致电对方家属表达自己的慰问之
情，询问对方是否需要一些帮助。亲人刚刚去世时，家属可能还不知

道应该做些什么，他们肯定会感激你提供的帮助的。

当孩子失去父母时，或者父母失去孩子，这种情形或许更为糟糕，情况总是很困难。你不仅需要联系孩子或者父母，还需要对他们的伴侣或者兄弟姐妹表示慰问和同情。

如果去世者是意外身亡，询问死因是不礼貌的。你可以从讣告上获悉死因的暗示。

<hr>

温馨提示

· 当亲朋好友有家属去世时，要及时致以问候，并提供帮助。

· 如果死者是意外身亡，切忌向其家属询问详细死因。

<hr>

参加葬礼不可穿鲜艳衣服

葬礼是极其严肃的场合，如果身穿鲜艳衣服参加葬礼，不仅与葬礼气氛不相融合，而且还会引起公愤。

穿着鲜艳衣服出席葬礼，无疑是将别人的葬礼变成了自己的服装秀。如果你身份显赫或者与死者生前交情不错，这么做就有幸灾乐祸之嫌。穿鲜艳衣服参加葬礼，是同时向死者及其亲人以及所有参加葬礼的其他宾客表示蔑视，别人会认为你居心不良。

<hr>

温馨提示

· 参加葬礼时，一定要避免穿大红大绿的颜色鲜艳的服装。

· 参加葬礼时，女性应避免穿着暴露。

· 参加葬礼时，女性应避免化妆。

· 参加葬礼时，应避免穿款式怪异的服装。

<hr>

185

参加葬礼不可佩戴耀眼首饰

有的人参加葬礼穿的衣服符合标准、很素，但佩戴了耀眼的首饰。这是不能提倡的。

在葬礼这种场合，一切都应以素为上。戴着全套参加晚会才适合的闪光的钻石首饰，别人会以为你走错了地方；戴着彩色精致首饰，别人会觉得你心情愉快；戴着造型夸张的首饰，别人会认为你不是真心来悼念死者，反而更像来这里结识新朋友的。总之，无论是死者的亲属，还是与死者关系不太亲密的人，参加葬礼戴首饰，都是不适合的。

温馨提示 ···

· 参加葬礼时，应避免戴颜色鲜艳或耀眼的首饰。

· 参加葬礼时，应避免戴形态怪异的首饰。

· 参加葬礼时，最好不要戴首饰。

参加葬礼要注意神情举止

在葬礼上，每个细小的动作和神态都不能随随便便。

在葬礼上不注意神情举止，容易引起别人的怀疑，给别人留下无情无义的印象。如果你是死者生前的朋友，不注意一举一动会让死者的亲人失望；如果你与死者生前有过节，不注意动作、表情会让死者的亲人感到寒心。

·参加葬礼时，应表现出沉痛哀悼的表情。

·在葬礼上，行动不要夸张，应缓步行走、轻声说话。

·在葬礼上，应避免挤眉弄眼、发笑、高声喧哗等。

·在葬礼上，不应该随便拿走礼品或有用的东西。

在葬礼上避免注视死者的亲人

在葬礼上，不要注视已经承受着巨大压力的死者亲人。

在葬礼上注视死者的亲人，首先会使你的形象恶劣，显得失态。而在他人看来，这是幸灾乐祸和不怀好意的表现。其次，参加葬礼时注视死者亲人，会给对方带来巨大心理压力。

无论是同情还是好奇，都会让对方感到尴尬和压抑。即使是平时，面对陌生人或熟人，长时间盯着对方看也会导致对方的反感和戒备心理，更何况本就承受了痛苦的死者亲人呢？

因此，参加葬礼时，应避免上述举动。

温馨提示 ···

·参加葬礼时，不要对死者的亲人表示过度的同情。

·在葬礼上，不要对死者的亲人投去过多的目光。

·在葬礼上，应避免对死者的亲人过多提起死者生前的事情。

·在葬礼上，对死者的亲人不应该有不耐烦的表情。

第六章

20 几岁要懂得的公共场所礼仪

出入校门要下车

通常在学校对内的守则或对外的"友情提示"中都会有这么一条：出入校门请下车。首先，出入校门不下车必然违背了相关规定；其次，骑车或开车出入校门时不采取"低调"姿态，很可能会造成对别人的妨碍甚至引起车祸；再次，出入校门不下车，给人以趾高气扬、过分张扬的印象。如果你的身份是前来参观访问的客人，出入校门不下车更会给自己所代表的单位带来不好影响。

温馨提示

· 骑自行车进出校门的时候，应下车推着进出。

· 开机动车、电动车、汽车等进出校门时，必须减速并注意避让和暂停。

· 结伴骑车进出校门时，应避免并排走在门内。

懂得赞美学生

老师不懂得赞美学生是不称职的。

对优秀学生从不赞美，对方会觉得压力过大，甚至对自己的优秀产生怀疑和焦虑；对不求上进的学生从不赞美，对方会觉得自己无可救药，甚至丧失上进的信心和兴趣；对普通的"中间型"学生缺少赞美，对方会觉得自己缺少希望。赞美是美德，没有赞美，学生就不容易发现自己。

男生不留长发

男生留长发在如今的校园中也算得上是独特的风景，许多男生觉得这样很酷，显得与众不同。这的确与众不同，但是不合礼仪。

男生留长发，容易减少阳刚之气。如果恰好留长发的男生容貌秀气，很容易被路人误认为是女生，难免因此而惹出笑话甚至带来麻烦。男生留长发，更多的结果是被贴上"愤世嫉俗""不合群""古怪"的标签，被别人疏远。

见到老师要打招呼

学生见到老师应该打招呼。

遇到老师不打招呼，一方面会被认为是故意躲避、赌气或胆小、害怕老师，另一方面会使他人觉得师生之间有矛盾。如果老师面带微笑地迎向学生，学生却马上别过头去并加快脚步远离，换作任何其他身份的熟人都会被这样的反应"打击一下"。

温馨提示

· 在校园里或其他公共场合遇到老师应该礼貌地打招呼。

· 如果距离老师很远，并且对方没有看到自己，可以不打招呼。

· 当老师正在与别人交谈或正在繁忙地处理事务时，可以不打招呼。

进出老师办公室要有礼貌

进出老师办公室对每个学生而言都是经常遇到的事，但同时很多人都没注意过自己进出老师办公室时的表现。这是不应该的。

大步流星地进出老师办公室，脚步匆忙，一进门还带进两脚泥，显然会惊扰老师，并污染办公室的地板；进门不吭声，出门也不吭声，这是对老师心存不满的表现；进门后"哐当"一下摔门，出门时"哐当"一下带门，别人会以为你进办公室是为吵架来的。

进出老师办公室时不注意自己的言行举止，怎能充分表达对老师的尊重呢？

不可当众顶撞师长

当众顶撞师长，即使你很有道理，这样的举动也是错误的。

当众顶撞师长，一方面说明你不尊重老师，有挑衅、示威之嫌；
另一方面给别人留下"刺头"的印象，可能会导致别人疏远你。当
众顶撞师长容易产生不良影响，树立反面榜样。如果你是学生干部，
这样做会影响你的威信和良好形象，也容易使你失去师生的信任和
好感。当众顶撞师长说明你性子急、暴躁、自制力欠佳、爱出风头。
如果你言辞激烈到让双方难以收场，你无疑是在演闹剧和丑剧给别
人看。

不在背后议论老师私事

哪位老师评优了，哪位老师怀孕了，哪位老师家中亲人去世了，哪位老师和校长吵架了……背后议论老师私事的学生大有人在，然而这么做是错的。

背后议论老师私事，有栽赃、诽谤的嫌疑，如果传开了，不仅影响老师的形象，也影响自己的形象；背后议论老师私事，给人以"不务正业"之感，如果恰好被你所议论的老师听到，对方一定会很不愉快。此外，背后议论老师私事，还容易造成不良风气。

温馨提示

·不要养成打听老师私事的习惯。

·道听途说的事情不要说，自己不清楚的事情不要传播。

·如果获悉老师的私事，不要主动向外传播。

尊重有缺陷的同学

同学眼睛斜视，就处处拿他开玩笑；同学腿部有残疾，就故意学对方的样子；同学说话口吃，就故意在他面前说绕口令……

嘲笑别人是不敬的做法，针对别人的生理缺陷、形象上的瑕疵，大肆嘲笑更是不敬。嘲笑有缺陷的同学，必定会伤害其自尊心，使对方对自己的缺陷更加敏感；嘲笑有缺陷的同学，不能使你得到别人的欣赏，反而会遭到鄙视；嘲笑有缺陷的同学，说明你冷漠、自私，不懂得考虑他人的感受。

···

· 不要用好奇或鄙视的目光看待有缺陷的同学。

· 对有缺陷的同学应主动帮助。

· 对比较敏感的同学，不要刻意指出其缺陷。···············

不可偷看同学的信件、日记

偷看同学的信件、日记是不礼貌的行为，也是不尊重的表现。

偷看了同学的信件或日记，如果对方与你关系一般，你就不太可能有机会得到他的信任并成为对方的朋友了；如果对方与你关系很近，你就很可能会失去对方的信任，从此被他从友人的名单中删除。如果对方信件或日记中记的是流水账，他会认为你太无聊、太好奇；如果对方信件或日记中记录了不愿外传的秘密，你的做法会让对方愤怒和委屈，甚至可能因此而对你做出过激行为。

···

· 应避免对同学的信件或日记产生好奇心。

· 同学不在场时不要翻看对方的任何私人物品。

· 同学不在场时你可以离开以避嫌疑。

···

严禁撕毁、涂改学校公告

撕毁或涂改学校的公告容易造成信息丢失或错误，从而导致一些重要通知无法及时而正确地传达给有关人员；撕毁或涂改学校公告，是对学校公告制定者和张贴者、发布者的不尊重，是损害其劳动成果的表现；撕毁或涂改学校公告，你可能被视为捣乱分子或对学校有强烈的不满。

如果是为了张扬个性，采取撕毁、涂改学校公告的方法只会引来大家的耻笑；如果被有关人员抓个正着，你受批评和处分是必然的事。

不用书本提前占座

在学校尤其是大学校园里，用书本甚至纸条提前占座已经屡见不鲜，然而，这一行为已逐渐成为亟待解决的不良风气。

同学请你帮忙占座，你很义气地拿上七八本书占一排座位，然后自在地出去闲逛一番，后来者看到空座上的书本，必定会觉得气不打一处来。外校同学听说本校有名人讲座，好不容易找到教室却发现空座上已经放满书本，必定会觉得很委屈。如果占座而不坐，更是一种"资源浪费"。用书本提前占座是对按时到来而遵守秩序的人的欺压，是自私的行为。

住集体宿舍要遵守作息时间

住集体宿舍是很多中学生以及大学生的必然经历，住宿期间如果不注意协调，就会打扰别人的作息。

别人午睡的时间，你在宿舍里边哼唱边卖力地洗洗涮涮，别人一定难以入睡或者被你惊醒；有人在宿舍里复习功课时，你说笑打闹，对方一定难以安心学习；宿舍里本来就拥挤，周末你还特意带朋友过来住，你的舍友们必然会觉得不太自在。

在图书馆看完书要归位

从历史类书架上抽的书，看完后放到法律类书架上；从美术类书架上抽取的书，看完后放到科技类书架上；看完书后不放回任何架子上，而是随手丢在椅子、窗台上等不适合藏书的地方……你这样把书籍的类别混淆，随意给它们搬家，只能给别人带来麻烦。

胡乱给书归位，容易给别人找书增添困难，浪费别人时间；随意放置书籍，容易使其因为得不到保护而被意外损毁；到处乱放书籍，会造成书架混乱，不整齐，不美观，也给工作人员增加了工作量。

温馨提示

· 在图书馆看完书，一定要将书放回到原位。

· 在图书馆看完书，一定要尽量按照最初的方位摆放书籍。

· 在图书馆看到被放错位置的书籍，应主动将其归位。

参加集体活动要穿校服

学校举行集体活动时，通常会要求同学们穿校服。如果你故意不穿，就说明你不懂礼仪。

参加运动会时不穿校服，列队集合或者上场表演时，你会破坏集体形象；集体参观时不穿校服，接待方可能会认为你是混进来的而拒绝请你进入；与其他成员一起参加集体辩论赛时不穿校服，你的突兀会破坏团队的整体和谐形象，同时还可能影响团队的合作精神，并且容易使观众对你产生不合群、性格乖戾的印象。

温馨提示

· 参加集体活动时如果有规定，应按规定穿校服。

· 穿校服时应按规定正确穿着。

· 穿校服时应注意自己的言行举止。

不可在景点刻字留名

有的人造访某处景点，尤其是前往自己一生可能只去一次的地方，往往要留下"某某到此一游"之类的字迹，有的甚至用喷漆喷涂各种字迹。这是不文明的。

在景点刻字留名，会损坏建筑或景观的完整原貌，这不仅谈不上美观，更会对景观造成难以修复的伤害。如果你刻字的对象是重点保护的文物，你的做法简直就是对历史的亵渎。在景点刻字留名可能会给自己留下永久性的骂名，任何游客来到你留名的景点，都会知道你参与了违规的破坏行动。如果留下籍贯，你家乡的人们将被一并唾骂；出国旅游这么做，等于给国人丢脸。

> **温馨提示**
> ·参观任何景点都不应在所到之处刻字留名。
> ·如果景点有允许刻字的服务，应该在指定区域或媒介上刻写。
> ·参观游览时应避免乱碰建筑或设施。

乘公交车不可堵着车门

乘坐公共交通工具时我们常常会遇到人满为患的情况，很多人上车后根本挤不到车中间，于是就顺其自然地堵在车门边上。这样做可不讨巧。

堵着车门容易妨碍他人上下车，如果你动作太慢，别人就可能因上不了车或下不了车而错过站点。如果对方赶时间，就会因为你堵着车门而耽误下车。此外，堵着车门也不利于安全。如果你被挤倒，很可能会撞到别人，引发小小的骚乱。在公共场所，一切事情都应该从大家的利益出发，否则就是对礼仪的蔑视。

在火车上不宜脱鞋

在火车上脱鞋，对于很多经历过长途旅行的人们来说恐怕都不陌生吧！别觉得很自在，其实这样做是极其不礼貌的。

火车空间狭小，空气不易流通，如果车上人多，人均空间自然更加少得可怜。在这种环境下脱鞋，很容易使不雅的气味散发出来。而且，在火车上脱鞋也会给人以视觉上的侵犯，没有人会觉得这样做是礼貌的表现。有谁会愿意看别人的脏脚丫和花袜子呢？无论脱鞋者身份如何，此举都会让他颜面尽失。

乘坐公共汽车、地铁等其他公共交通工具时脱鞋也是错误的行为。

使用公共游乐设施要照顾别人

公园、游乐场里，供多人同时使用或集体合作使用的游乐设施随处可见。既然是公用的，就要考虑他人的意愿。

坐碰碰车时不停冲撞，想撞谁就撞谁，不顾他人感受，别人必定会觉得你太莽撞；坐跷跷板时擅自离开座位，导致同伴突然落地，对方必定会为你的恶作剧而生气；坐人工推动的旋转木马时擅自加速或改换方向，其他乘客有可能会被你转得头昏脑胀。

使用公共游乐设施而不照顾他人容易引发矛盾，破坏大家的心情和友好关系，还可能造成意外事故。这是自私的表现，也是不礼貌的行为。

温馨提示 ⋯⋯⋯⋯⋯⋯⋯⋯⋯⋯⋯⋯⋯⋯⋯⋯⋯⋯⋯⋯⋯⋯⋯⋯⋯⋯⋯⋯⋯⋯⋯⋯⋯

·使用公共游乐设施时，应避免一人独享。

·使用公共游乐设施时，应照顾比较弱小的人。

·使用公共游乐设施时如果涉及速度问题，应与同时使用的其他人协商。

在超市购物不可用手接触裸露食品

在超市购物买散装食品时，千万别图省事或因为其他原因而舍弃专用工具用手去取。

在超市买米，放着专用的铲子和勺子不用，偏用手抓；在超市买散装饼干，不用夹子而用手拨来拨去；在超市买糖果，将专用夹子放在一边，只用手挑拣。这样做一方面会让其他顾客对超市食品的卫生产生怀疑，另一方面会让别人对你的公德产生怀疑。如果你将不宜用手翻动和抓取的散装食品弄得形状损坏，更会给超市造成经济损失。这样做非但不能彰显你的个性独特，反而凸显了你的自私自利。

试衣时应注意不要弄脏衣服

买衣前试衣是天经地义的，但试衣时弄脏衣服就不是你应该做的事了。

试衣服前刚吃完烤肉串，双手不擦就试衣，难免使衣服沾上油污；试衣时如果不注意分寸，穿套头衣服就容易使衣服沾染上你脸上的化妆品；刚出了一身大汗，就马上进店试衣，试完后衣服上说不定已经浸染了汗液和汗臭。试衣时弄脏衣服，既是对衣服的不爱护，又是对售货员的不尊重甚至刁难。

如果你是售货员，看到衣服被顾客污染，恐怕很难心平气和。不要因为衣服不是自己的就随意弄脏衣服，以至于给别人留下一个自私、品质低的印象。

· 试衣服时，应避免在衣服上留下手印、灰尘等。

试衣后把衣服放回原位

试衣完毕，随手将其丢到一边，甚至任其掉在地上；衣服原本是叠起的，你试完后就成了一件一件散落的；衣服原本是甲品牌的，你试完后却混到了乙品牌中去……购物时，试衣后乱丢是不招人喜欢的做法。

试衣后乱丢衣服，第一已经破坏了衣服和衣店原有的整齐；第二是给售货员增添了额外负担；第三是容易使不同种类的衣服放错位置，给不同品牌带来声誉上的损坏。

温馨提示

· 试衣完毕后应将衣服交给服务人员或整齐地放到原位。
· 试衣完毕后若不满意，不应一言不发地丢下衣服就走，而应对售货员礼貌地道谢。
· 试衣完毕后放下衣服的动作不应粗暴而应柔和。

不可随意拆开商品包装

在商场或者超市购物时，不要随意拆开商品包装。

购买果汁、食品等物品时随意拆开包装，如果你不买，食物就会很容易变质、作废；随意拆除小家电、工艺品的包装，它们会因为失去保护而容易损坏；随意拆除名牌商品的包装，它们会因为不完整而容易受到质疑。随意拆开任何商品的包装，都是对商品完整性的损害，都会影响它们的外观之美以及销售；随意拆开商品包装，会给工作人员整理和调换商品增加负担，并且容易引起别人的效仿，产生不良影响。

品尝超市食品要按规定进行

违规品尝超市食品不是个好习惯。

独立包装的食品，拆开包装后就失去了它作为商品的价值，不能再售出；整体包装的食品，拆开后同样不能被顺利出售；散装食品，随意品尝容易造成交叉污染，带来卫生隐患。随意品尝超市食品容易被认为是顺手牵羊的举动，从而给你惹来诧异的目光甚至麻烦。违规品尝超市的食品，不利于自己的健康和公众形象，也会影响超市的利益。如果你与别人结伴购物或者在境外做出这样的举动，必定会遭到鄙视。

看过商品后要归位

在商场或超市购物时，别忘了将看过的商品归位。

在商场中浏览一圈之后，把食品放在家电区，把卫生用品放在散装食品区，把内衣放在玩具专柜，把图书放在化妆品区……这样乱放商品的行为让人觉得很不妥。乱放商品会破坏商场商品摆放的秩序和美观，给工作人员整理以及其他顾客挑选商品带来麻烦。

看过商品后不归位，会让人觉得你做事有始无终。更重要的是，你会给别人留下品德不够优良的印象。

温馨提示

· 看过商品后应将其放回原物所在柜台或货架。

· 不是同一类别的商品不要放在一起。

· 易相互污染的商品不要放在一起。

住旅店不可大肆浪费

外出旅行、出差时，住旅店最平常不过。然而，有许多人却在住店期间丢了自己的脸面，因为他大肆浪费。

住店期间竭尽所能浪费水资源和电力资源，即使暂时不在房间也开着灯，即使洗漱完毕也不及时关水龙头；住店期间狂打房间内的免费电话，乱拨电话号码找人聊天；除了房间里配备的免费用品，额外再向服务员索要并迅速用光……设想你因为业务关系与外地客人同住旅店，你的浪费难免会让对方怀疑你待人处事的能力和信用。

·住宿旅店时，对于免费提供的洗漱用品不要刻意浪费。

·住宿旅店时，不要浪费用水。

·住宿旅店时，不要滥用电源、电器，也不要长时间开灯或将全部灯具都打开。

不可在公园的长椅上躺卧

行走累了，在公园的长椅上倒头便睡或者躺卧，也许你觉得这样做很舒服、很悠闲，实际上已经违反了公共场所的礼仪。

在公园长椅上躺卧，第一，有碍观瞻，你不雅的姿态会让人感到不快；第二，占据了有限的休息场所，给其他需要休息的游客带来不便；第三，你的姿态给公园风景抹上了不和谐的一笔，破坏了景观的优美。

·在公园休息时，应避免在长椅上躺卧，更不要长时间躺卧。

·不要一个人休息时在长椅上放过多东西，以免影响他人休息。

·在公园的长椅上就座时，应避免歪歪斜斜的不雅姿势。

驾车不可乱鸣笛

驾车时不要乱鸣笛。

驾车乱鸣笛妨碍交通秩序，使繁忙的交通更显得繁乱；驾车乱鸣笛容易惊吓行人，促使本不该发生的事故发生；驾车乱鸣笛容易引发行人和其他驾驶者的反感和烦躁，引发口角。在红灯前乱鸣笛，给人以急躁而不守秩序的印象；在堵车时乱鸣笛，会加重大家的负面情绪；陪同客人或领导、外宾时乱鸣笛，会让人觉得你仗势欺人、虚张声势；鸣笛时无规律、无休止地按个不停，给人以威胁感，显得嚣张、粗鲁。

温馨提示
· 开车出行时应避免鸣笛惊吓路人。
· 开车遇到阻塞时应避免长时间按喇叭。
· 按喇叭时应有规律，防止乱按。

接受陌生人帮助后要说"谢谢"

接受陌生人帮助后连声"谢谢"都不肯说的人肯定会让人失望。

别人好心为你指路，你却不道谢，对方一定会觉得失落；别人热情地帮你捡拾掉落在地的东西，你却不说"谢谢"，对方必定会觉得委屈；别人体贴地提醒你前方道路无法通行，你却没事人一样走过，对方难免会觉得自己是在多管闲事。接受别人的帮助而不道谢，是对对方不尊重、不信任的表现，也是戒备心过强、冷漠无情的表现。

温馨提示
· 接受陌生人帮助后一定要诚恳地道谢。
· 接受陌生人帮助后应礼貌地与其寒暄几句。
· 接受陌生人帮助后如果有必要，可询问对方是否需要帮助。

图书在版编目（CIP）数据

20 几岁不能不懂的社交礼仪常识 / 达夫，黄敏编著 .

北京：中国华侨出版社 , 2024. 11. -- ISBN 978-7
-5113-9244-2

Ⅰ . C912.12-49

中国国家版本馆 CIP 数据核字第 2024QU6653 号

20 几岁不能不懂的社交礼仪常识

编 著：	达 夫 黄 敏
责任编辑：	刘晓燕
封面设计：	施凌云
美术编辑：	张 娟
经 销：	新华书店
开 本：	880mm × 1230mm 1/32 开 印张：7 字数：141 千字
印 刷：	三河市华成印务有限公司
版 次：	2024 年 11 月第 1 版
印 次：	2024 年 11 月第 1 次印刷
书 号：	ISBN 978-7-5113-9244-2
定 价：	36.00 元

中国华侨出版社 北京市朝阳区西坝河东里 77 号楼底商 5 号 邮编：100028

发 行 部：（010）88893001 传 真：（010）62707370

如果发现印装质量问题，影响阅读，请与印刷厂联系调换。